命理生活新智慧・叢書

如何掌握
你的桃花運

法雲居士◎著

金星出版

國家圖書館出版品預行編目資料

如何掌握你的桃花運法雲居士著.--第1版.
--臺北市：金星出版：紅螞蟻總經銷，
1997[民86]，2000[89]再版，　面；
公分.--（命理生活新智慧叢書：06）

ISBN 957-98982-8-6（平裝）

1.命書

293.1　　　　86004452

如何掌握你的桃花運

作　　者：法雲居士
發行人：袁光明
社　　長：袁靜石
編　　輯：王　翔
出版者：金星出版社
社　地址：台北市南京東路3段201號3樓
電　話：886-2--25630620●886-2-2362-6655　已變更
電　FAX：886-2365-2425
郵政劃撥：18912942金星出版社帳戶
總經銷：紅螞蟻圖書有限公司
地　　址：台北市內湖區文德路210巷30弄25號
電　　話：(02)27999490
網　　址：www.venusco.com.tw
E-mail：venusco@pchome.com.tw

版　　次：1997年5月第1版　2000年6月再版
登記證：行政院新聞局局版北市業字第653號
法律顧問：郭啟疆律師
定　　價：280元

行政院新聞局局版北字業字第653號
(本書遇有缺頁、破損倒裝請寄回更換)

ISBN：957-98982-8-6(平裝)

序

許多人在看到這本書的書名——『如何掌握你的桃花運』時，面色一定會起了不同的變化。有的人會顏色曖昧的笑一笑。有些人則會迫不及待的翻開來尋找屬於自己需要的資訊。

『桃花運』這三個字，就像『偏財運』一樣，是絕大多數人心中想要擁有，而又害怕別人嘲弄的東西。

因此，也正因為上述的原因，我在寫這本『如何掌握你的桃花運』時，是抱著極其嚴肅的心情，來分析『桃花運』所帶給人們的影響，是吉凶？是禍福？能助長多少財運？官運？吉事運？為『桃花運』以正世聽。

在邁向二十一世紀的工商社會裡，科學快速發展著，而屬於人文科學中的人際關係這門長才的課程，就更形重要了。你難道沒有發現：美國柯林頓總統在一九九六年底以貪狼與紫微相照的流年運氣，以極佳的人緣，佔盡天時、人和的地利而順利聯任總統寶座。倘若總統選舉在下一個年度，一九九七年他便沒有如此的好運了，很可能輸得很慘，而且官司纏身，這就是『桃花運』在人生中所扮演最吃重的角色了。

在命理學中，『桃花運』包含著多種形式出現在人的運程當中，如一般人所需要的『人緣桃花』等等，像政治人物更是無此不可，否則是很難得到大眾的擁戴的。這個現象可以在許多選舉中，選戰敗北的政治人物身上看到，他們有些是本身『人緣桃花』就較少，或者是流年走到沒有『桃花』的運程所致。

『桃花運』在一般人的命理中，可增加個性上的柔和力量，處世圓滑、有親和力、向心力。這不但能增長控制情緒的EQ數值，而且會形成一種天然渾成的領袖魅力。使人在處理一切的事物中，不管是在異性或同性之間，都具有極佳的競爭力，處於所向無敵的境界。我們在長榮海運張榮發先生的命格中，就很輕易的看到這種狀況了。

『桃花運』既是如此人人必備的條件，到底它有沒有什麼害處呢？

當然，命理也是講求中庸之道的。不管是過與不及，都是不好的。桃花星過多的話，或都集中在某一、兩個宮位。尤其是集中在命宮或福德宮的人，由於桃花太烈，會對一生的成就有影響。因為他們將人生的目標轉向『

情愛』的追求。感情波折又多，便無暇也無法發展學業與事業，成就自然較遜。如昌曲坐福德宮，為『玉袖天香』的格局，多是吃軟飯的人，還能談什麼成就呢？

此外，像桃花星與煞星形成的『桃花劫煞』的問題，輕者因桃花惹上官司。重者因桃花傷害到自己的生命，這些問題也會在這本書中談到，並會建議預防的方法。

目前『性暴力』犯罪事件日益嚴重，如何防止『桃花惡星』的作怪，和如何掌握『桃花吉星』助旺我們的運程，在這個混亂的時刻，也眞是我們刻不容緩有待學習的課程啊！

法雲居士謹記

命理生活叢書06

如何掌握你的桃花運

第一章

『桃花運』在我們人生中所扮演的角色

『桃花運』在我們人生中所扮演的角色

桃花魅力人人愛

一般人都認為『桃花運』是十七、八歲情竇初開的少男少女們所喜愛追求的運氣。其實不然，在我相命的過程裡，時常也有中年以上的人，和六、七十歲以上的人來詢問何時有『桃花運』的。當然比較多見的是年過三十而遲婚的女性。

為什麼年過三十而遲婚的男性，不太問自己的『桃花運』呢？

據我的觀察是：反正都已經晚了，也不急，再等等看，可能有更好條件的女性出現。

由上述的調查顯示，對於『桃花運』的喜愛是沒有年齡限制的。

以上所談的是屬於『異性緣』之間的『桃花運』。目前因為命運學普遍的廣為人知，所以大家也漸漸瞭解『桃花運』是有許多種類性質，依其性質的不同，『命帶桃花』和『命犯桃花』、『命無桃花』就在我們人生的運程裡，造成無數的轉折、起伏。有時更創造了一發不可收拾的局面。

現在先讓我們來瞭解一下『什麼是桃花運』？

1. 什麼是『桃花運』

許多人交了男女朋友，談了個戀愛，就以為是走了『桃花運』。但是我們也經常可以從媒體報紙上看到一些人被騙婚、騙色。一些年紀不小的阿伯，突然有女人殷勤交好，自以為是交上了『桃花運』，結果終身積蓄在被騙光殆盡之後，而後悔尋死。這些種種，那裡稱得上『桃花運』，只能稱得上『桃花劫』了。

真正的『桃花運』是一種吉運，是一種喜慶之運。會給你帶來喜氣、財氣及一切旺運。倘若是給你帶來災禍的，便不能稱之為真正的『桃花運』。

在古代，新科及第的狀元郎，旋及被皇帝或丞相招為駙馬爺或女婿，之所以成為入幕之賓，這都是因為『桃花運』伴隨著『陽梁昌祿格』所形成的喜上加喜的吉運了。

哇！『桃花運』真是那麼千載難逢嗎？

當然不是！

一般人在結婚之時，喜氣洋洋，都會有一些『桃花運』。

曾有一個學生問我：『那只和一個女人結婚，結婚後成了死會，還會有什麼桃花運啊？』

這就是一般人錯誤的想法，以為有許多的女性或男性來追求自己，這就算是很有『桃花運』了，孰不知這正是麻煩的開始，是無法算做『桃花運』的。

在命理學上，『桃花運』通常只屬於一種助運。倘若正運居旺的時候，『桃花運』會錦上添花，倍加喜慶。倘若正運衰陷的時候，桃花星會結合凶煞的惡星，助紂為孽，形成惡質循環，造成破敗、血光、傷亡的悲慘命運。

基本上我們稱『桃花運』只是以其與吉星同度（同宮或相照）善良、趨吉、喜慶、助運的部份而稱之。關於其與煞星同度而產生不良狀況的情形，我們稱之為『桃花劫』、『桃花煞』者，也有因桃花而破財的『桃花耗』；這些在後面的章節會談到。

2.『桃花運』對我們生活有什麼影響

『桃花運』在我們的生活中出現時，常常先在人體上顯現出一些徵兆。例如人的面色出現光彩、精神抖擻、面龐額頭上有粉色淡紅的光韻出現，而且讓人一見就有喜氣洋洋的感覺，這也是代表一種吉運、旺運即將開始的徵兆。

若是面色過紅，或有塊狀斑點（紅斑）之類的狀況，則不屬於此等運勢了。很可能是將發生災禍與病恙的徵兆了，這須要細心的辨視才好。

俗諺說：『結婚生子都有三年好運』。因結婚生子都是喜慶之事，這和『桃花運』的吉慶是不謀而合了。

我們可以看到剛結完婚，或渡完蜜月回來的新人們，態度較會溫柔婉約，謙恭有禮、工作態度認真努力，這些都是『桃花運勢』帶給他們的影響。

在一般人的生活中，也是需要這種溫柔婉約的親和力氣質，才能有力推動許多事物的。通常在人的命宮中或福德宮中有桃花星的人，是極具親和力手腕的人。或是在流年、流月裡，運程行經有桃花星多的年份、月份；而主運又很旺盛的話，親和力造成的人緣關係最佳。一般人可利用這段時間，來達成須要靠人際關係所能成就的願望。

我就親眼所見一位命宮中具有桃花星的女士蘇太太，極具交際的能力，她在戊年做會首被倒債，欠債兩千萬元。在另一個偏財旺運裡反敗為勝，把欠債還清。像這樣一個能幹的人物，她所憑藉的是什麼力量呢？當然就是靠著她對『自我』的深知，善加利用『桃花運』的長處，與偏財旺運的準確時刻所產生反敗為勝的力量了。

『桃花運』可讓人從困境中起死回生，這可能是很多人想不到的吧！也許只有親身經歷的人才能感受深刻呢！

如何算出你的偏財運

第二章

『桃花運』的內含元素

1. 桃花星有那些

一般人所知道的桃花星有那些：

廉貞星（甲級星）：亦稱囚星。居於人的命宮或身宮、福德宮、田宅宮裡，又稱為『次桃花』。屬於肉慾桃花，較淫。再照會其他的桃花星或煞星，為邪淫之人，容易因酒色而破財、喪生。廉貞喜與天相同度（同宮或照會），可制其惡。

貪狼星（甲級星）：本身即為桃花之宿，為『正桃花星』。尤其坐命在寅、申、巳、亥宮的人，因在四馬之地，桃花重，驛馬也重，也主勞碌奔波。

天姚星（乙級星）：為桃花秀才。有天姚在命、身宮的人，口才好，辯才佳，很會察言觀色，做事圓滑。喜遊風塵之地，風流、好淫。若再遇其他的桃花星同宮，桃花泛濫。

紅鸞星（乙級星）：本性流蕩、虛榮，多變的星。主婚姻喜慶。此星入命宮或財帛宮者，較喜愛投機取巧、與賭博之事。與其他的桃花星同宮時，淫慾更甚。

沐浴星（丙級星）：為桃花星忌星，忌入命宮、身宮、財帛宮、田宅宮。入夫妻宮為吉，閨房和樂，也較易獲得異性緣。

咸池星（戊級星）：又稱敗神，也稱桃花煞，主淫邪。在人的命宮，相貌艷麗；臉上會有美人痣。個性會趨於浮蕩虛華，故不宜入人之命宮、身宮、財帛宮、福德宮，主人之好色。

其實在命理學中，尚有數星含有桃花成份。如：

紫微星：以紫微坐命者為最。因相貌堂堂，貌似忠厚，易為人接近。一生易有風流桃花之艷遇。

天梁星：所帶之桃花為『正桃花』，屬於『人緣桃花』。

太陰星：本為相思之星，為談情說愛之星。太陰坐命者，外柔內剛，文質彬彬、儒雅、體型修長優美，言語柔和。很得異性喜愛、桃花艷遇也多。

文昌星：文昌本不主桃花，但與文曲星同入命宮、身宮、福德宮時以桃花論之。若再居於卯、酉宮桃花之地更甚。

文曲星：文曲星在命宮、福德宮時，為桃花格局。文曲獨坐時更甚。昌曲同坐福德宮，為『玉袖天香』的格局。為人貌美、喜愛享受，不事勞動，多靠他人養活。

左輔星：左輔星其性質和天梁星相同，屬於『人緣桃花』中的正桃花之類。但有煞星來會時，則助紂為虐了。因左輔為匡輔之星的緣故。

右弼星：為真桃花星。又稱雞婆桃花。因熱心愛助人又會產生感情困擾、腳踏兩條船，同時有兩個以上的戀情在發展。若有右弼化科在夫妻宮，會因桃花事件出名。但夫妻宮出現左輔、右弼都會有再婚的現象產生。

天鉞星：天鉞坐命者，體型不高，男性有趨向女性化的象徵，女性氣質高雅，都是屬於人見人愛的『可愛族』。桃花濃厚。

天喜星：與紅鸞星成對宮而立之勢。主喜慶。屬於『人緣桃花』較強。

臨官星：主喜慶之事。但臨官與劫煞同宮時，亦為『桃花煞』。臨官與驛馬，合稱『桃花馬』，故臨官也為桃花星。

化祿星：化祿雖主財，但在人際關係中主『人緣桃花』。

2. 桃花星的種類

普通我們談桃花星時，是不能一概而論的，應該將其分門別類出來：

桃花星應該分成屬於『人緣桃花』；或是『色慾桃花』，以及『邪淫桃花』等三種。

『人緣桃花』

『人緣桃花』屬於正派的桃花，有助於我們人際關係的發展。例如天梁與太陽、文昌、化祿、祿存形成『陽梁昌祿』格的時候，有助官運和考試運。『陽梁昌祿』格就是居臨財帛宮，也會因官運、名聲或考試升級得到財祿。

在我命相實例裡，有一位參加大專聯考的學生，當年流年正走『陽梁昌祿』格在財帛宮，不但考上第一志願，而且得到一家補習班的獎學金壹佰萬元。當然條件是必須承認是他們補習班的學生才可。這筆錢財是他事先所沒有想到的。

由此我們可以得知『人緣桃花』不但有助於『陽梁昌祿』格，也有助於財運的獲得。

『人緣桃花』是屬於淺性的桃花，它和『色慾桃花』、『邪淫桃花』的不同，是在於『人緣桃花』只有人際關係的親和力，和口才、吉慶之事的進展能力，屬於一種善緣罷了。

倘若『人緣桃花』加煞星，或有煞星來沖照，立即會轉變成『色慾桃花』或『邪淫桃花』，而成為一種孽緣的形式了。

『人緣桃花』的屬星中有紫微、天梁、文昌、左輔、天喜、臨官、化祿等，以及廉貞、貪狼、太陰、文曲、魁鉞、右弼、天姚、紅鸞，各星居旺的時候，較會呈現正面的善緣影響。

『色慾桃花』

『色慾桃花』的屬星中，是以『人緣桃花』又多加了其他數個桃花星同宮或照會時形成。倘若人的命宮或流年命宮逢到，容易發生男女情慾之事，易招惹情慾問題的是非麻煩。這些問題都是對財運、官運有直接傷害，而沒有絲毫助益的。

倘若『色慾桃花』的星組群出現在流年疾厄宮，則會發生因桃花而起的花柳病症。

最容易引起『色慾桃花』的星組群有廉貞、貪狼、天姚、紅鸞、沐浴、咸池等星，在三個星以上共同聚集時，就形成『色慾桃花』，直接對人有影響了。

『色慾桃花』再加遇羊陀、火鈴、破殺之類的凶星，則會因色持刀，或因色慾而受到傷害，嚴重時會危及自己的生命。

某些人在一定的流年裡發生外遇事件或是桃花糾紛而引起的打殺及官非，都是因為『色慾桃花』作怪的關係。而『色慾桃花』發生最烈的年份，尤以子、午、卯、酉年為嚴重。

『邪淫桃花』

『邪淫桃花』的問題就更加嚴重了，它不但是由『人緣桃花』加煞所造成的，更會因為數個桃花星與煞星聚集而形成同宮或相照的狀況而產生。

普通有『邪淫桃花』的人，在個性上都較惡質。尤其是在大運、小限、流年三重逢到這個有『邪淫桃花』的流年、流月的時刻，強暴殺人，或是被強暴受害，都是由於這個『邪淫桃花』所形成的。

因此我們可以知道，真正對我們有用的，也只有『人緣桃花』了，而『色慾桃花』只是帶來是非麻煩，與人心的蠢動。而『邪淫桃花』帶來的惡果更是讓人不敢領教。

『邪淫桃花』的星組群中必然有廉貞、貪狼、天姚、紅鸞、沐浴、咸池等星結合羊陀、火鈴、殺破、巨門暗曜、化忌等星而共同組成，它們也必然是在同宮、相照、三合的地帶相互沖照著。

例如：廉貞、七殺、天姚、擎羊。

廉貞、貪狼、天姚、火星。

天姚、紅鸞、破軍。

天姚、紅鸞、擎羊。

廉貞、七殺、天姚、陀羅。

貪狼、天姚、咸池、擎羊。

巨門、天姚、紅鸞、羊刃。

昌曲、化忌、天姚、咸池。

巨門、化忌、天姚、沐浴（咸池）、擎羊

廉貞、貪狼、陀羅、天姚、咸池。

還有其他很多的組合，都是須要在流年、流月上極加注意的『邪淫桃花』。

3. 桃花星的優質與惡質

在以前的人論命時，對於桃花星的論定，除了帶有吉慶意味的桃花星之外，多以淫邪、否定的態度來看待這些『桃花星座』。

但是，現代人因時代上的轉變，觀念上也轉變了。由於對兩性關係不再保守，和人際關係和諧上之需要，因此對『桃花星』的看法也就不再拘泥於古人的看法（只以淫邪論）。

也因此，我們以現代人的眼光來看『桃花星』的優質與惡質，當以我們時下的需要為主。但是『桃花星』若多逢煞星時，仍是對我們不利的。

桃花星仍和其他的星曜一樣，居旺時，為善的部份發揮得較多，陷落時，邪淫的個性也較凶，若再遇煞星，如羊陀、火鈴之類或殺、破、狼等星，都是有血光災禍的問題產生。

現在依次將『桃花星』的優質與惡質呈現給你：

廉貞星

廉貞星為次桃花，在寅、申宮居廟旺之地，對宮有貪狼相照，為人很長於外交手腕，多因交際而易與酒色財氣接近，要小心因賭破敗的問題發生。因此廉貞在寅、申宮時主『人緣桃花』。若再與其他的桃花星同宮時，則不止於此了。

廉貞與文曲同宮時，為人油腔滑調，是個極為好色之人。

廉貞遇貪狼必居巳、亥弱宮，再會照天姚、咸池等桃花星，為娼妓之命。

廉貞星加煞再加桃花星，易因酒色破耗錢財及喪命。

這是其惡質的一面。流年、流月碰到也是不好的。

貪狼星

貪狼星化氣為桃花，故是名正言順的『桃花星』。

貪狼在辰、戌、丑、未宮四墓地為居廟地。在子、午宮為居旺。

在卯、酉宮之桃花地為居平。巳、亥宮為居陷地。

貪狼在廟旺之地時，很能發揮『人緣桃花』之優質特性，有名士風格、個性圓滑如再遇火鈴、武曲之星，在錢財上可爆發財富。但個性慳吝。

貪狼最怕有羊陀、紅鸞、天喜、昌曲、左右、魁鉞、天姚、沐浴、咸池等桃花星同宮或相照，將會因為桃花而妨礙了步向富貴之途。

貪狼在寅、申、巳、亥宮時，桃花、驛馬很重，再有左輔、右弼、昌曲同度，更是因桃花而一敗塗地，糾纏不清。

紫微星

紫微星坐命者，普通為『人緣桃花』，容易使人喜歡接近他罷了。但是有天姚、紅鸞、咸池、沐浴等桃花星同宮或相照時，其為人就較重色慾。倘若紫微星與這些桃花星同在財帛宮出現時，其人會以色情行業來賺錢，這就成為『惡質桃花』了。

紫微、貪狼同在命宮時，為『桃花犯主』的格局，因紫貪定在卯、酉宮同宮，卯、酉宮為沐浴之地，即桃花敗地。故桃花重，為人好色。雖然也是多才多藝，很能察言觀色，能言善道，但是成就因桃花而打折扣，不會很高。

紫微、貪狼若再有擎羊同宮，女命為『牆外桃花』。談戀愛及娶妻時皆應注意，以免有遺恨之憾。

天梁星

天梁星為正桃花，屬於『人緣桃花』。天梁居旺坐命時，因喜歡照顧他人，正義感重、滿腔熱血，而得到別人的尊敬，喜歡親近於他。

但是天梁在巳、亥宮居陷時，若再有多顆桃花星同宮或相照，就淫佚深重了。尤其女子坐命逢之更甚。

天梁化祿坐命者，雖為高級桃花（人緣較好），但再多遇桃花星，如沐浴、天姚、咸池等，也是不算很好，會轉向較重淫慾之類的邪桃花了。

李總統登輝先生就是天梁化祿坐命的人，三合照守的桃花星還有太陰、左輔、文曲三顆星。

李登輝總統的命盤

兄弟宮 天相 天鉞 天空 地劫 紅鸞 乙巳	命宮 天梁化祿 陰煞 解神 天福 〈身宮〉 丙午	父母宮 廉貞 七殺 火星 天刑 丁未	福德宮 封誥 戊申
夫妻宮 巨門 文昌 甲辰	陽男 水二局		田宅宮 鈴星 沐浴 巳酉
子女宮 紫微化權 貪狼 天魁 咸池 癸卯			官祿宮 天同 文曲 陀羅 庚戌
財帛宮 天機 太陰 左輔化科 天馬 壬寅	疾厄宮 天府 癸丑	遷移宮 太陽 右弼 擎羊 台輔 壬子	僕役宮 武曲化忌 破軍 祿存 天喜 臨官 天姚 辛亥

太陰星

太陰星本身因為個性陰柔，感情豐富，多愁善感，而容易吸引異性，桃花重，為桃花星。

太陰星遇昌曲二星時，為風流才子型的人，但感情起伏較大，也是不算順利。

太陰若逢其他的桃花星，如紅鸞、沐浴、咸池、天姚等。桃花重、驛馬強。再如太陰化祿，縱然太陰居旺，也是富多卻因桃花之類的感情問題影響一生的成就。因此太陰坐命的人，一定要學會控制自己的感情，才立於不敗之地。

文昌、文曲

文昌星主科甲功名，本身是沒有什麼『桃花』的，只有和文曲同度時才產生桃花的現象。

文曲星屬水，獨坐時桃花濃厚。文曲星主異途功名，是文雅風騷之星宿。在人的身宮、命宮出現時，為『桃花滾浪』格。

文昌星與文曲星皆在巳、酉、丑宮為入廟在申、子、辰宮為旺地。寅、午、戌宮為陷落。

昌曲居旺時，配合太陽、天梁、祿存、化祿等星，形成『陽梁昌祿』格，利於人之科甲考試、升官揚名等吉運。

文昌、文曲為時系星，在時運上只能產生短暫而強有力的力量，一般說起來是不耐久的。這也是由於時系星較善變的緣故。昌曲坐命的人，其個性上也是反覆不定，容易見異思遷、急躁沒有耐性的，比較重視眼前利益的人。

昌曲與廉貞同度：可做公務員，在寅、申宮，有油腔滑調的現象。

昌曲與太陰同宮：多為九流術士。

昌曲與破軍同度：桃花重，水厄、貧寒。

昌曲與貪狼同度：會政事顛倒、不明是非，有粉身碎骨之象。

昌曲與巨門同度：桃花重，感情複雜、口舌是非嚴重。

左輔、右弼

左輔星的桃花成份較淺，屬於『人緣桃花』。是一種圓滑交際、處事圓融的桃花方式出現的。

右弼星的桃花則是實質桃花，因較熱心，又稱『雞婆桃花』，很有同情心、講義氣，答應別人的事很快就行動。

左輔、右弼二星出現在夫妻宮時，必定有二次以上的婚姻。

女子命宮有天同星的人，再有左輔、右弼、天姚、咸池來會，多做偏房，或黑市夫人。

女子夫妻宮有左輔或右弼加廉貞、擎羊，容易遭強暴，或被逼成婚。

天魁、天鉞

天魁星本身的桃花成份不強，只是主高貴、風雅及功名的星曜。屬陽剛之氣。人緣好，在『人緣桃花』中也是淺性的。

天鉞星則為實質桃花。屬陰柔之氣，故男子天鉞坐命者較女性化。外貌舉行有娘娘腔的形態。

天魁加貪狼、沐浴、咸池等為『裸體桃花』、愛暴露身體。

天鉞加紅鸞、咸池等桃花星為『糊塗桃花』，容易下海。

魁、鉞二星若與紫微帝座同宮或相夾、相拱，人之命格為貴品，因天魁為天乙貴人。天鉞為玉堂貴人，一生多得貴人之助，事業成就較高。若與『陽梁昌祿』格相輔相拱、名利雙收，多因名聲而得財祿。

天姚星

天姚星居旺在廟地時，能增加人的機謀多辯才，學術高深與文采上的風流豪華，但性喜好情色之事。

天姚星居陷地的時候，為人則陰毒多猜疑之心，巧言令色、好淫慾之事。若再有紅鸞、咸池等星同宮，亦多因好色而破敗家產。

凡有天姚在命宮的人，多喜歡聊天。有天姚在流年、流月命宮的人，在那一年、那一月裡，話最多，喜歡擺龍門陣。

天姚主風騷，像盛開之桃花，化氣為破耗。人緣雖好，但易流於虛榮、浮華、不實在、風流、淫慾、賭博、水厄、凶死的狀況。

天姚星在財宮時，並不像一般人期望的那樣：桃花星在財帛宮又增加財運。

反之，天姚在財帛宮時，人容易花天酒地、沈迷賭博，多所破耗，沒有禁制。

天姚也是藝術之星，可增長人的藝術愛好，或藝術技能，但也同時存在了上述不良的內涵，成為一顆讓人又愛又恨的星曜。

紅鸞星

紅鸞星主要是代表婚娶喜慶之事，在年青人逢之，桃花的機會變多，媒人說媒的機會較多，容易談婚嫁之事。

在中年人逢之，則為添丁之喜，也容易惹桃花色慾之事，尤其是再有咸池、沐浴或廉貞、貪狼等星同宮時，問題嚴重。

很多人在卯、酉年時發生外遇，因卯、酉宮為桃花敗地之故。在流年財帛宮又剛好是紅鸞星與劫耗之星同宮的話，則會因色慾而失敗、敗財，這個例子是屢見不鮮的。

在老年遇到紅鸞星的流年時，容易有血光和喪妻之痛，尤其是有化忌、喪門星同宮時最準。

紅鸞星在遇到昌曲化科及封誥等星時，有文書上的喜慶之事。

紅鸞星與羊刃同宮，有血光之災、開刀見血、戀情失敗。

紅鸞星若單獨在財帛宮出現，或在流年財帛宮出現，不會其他的桃花星或煞星時，是可以有助於錢財湧進的。

但是紅鸞星若和數個桃花星同宮、相照或與殺耗之星同宮相照時，只有桃花淫慾、破敗錢財產生，而對財帛宮沒有助益了。

天喜星

天喜的桃花成份淺，其影響也不及紅鸞星強。年青的時候逢到，只是得人喜愛，與長輩有緣。中年的時候，能增加朋友的緣份，喜交友。老年時，較孤獨愛與年青人往來。

天喜星在財帛宮出現，對錢財沒有顯著的增加，只是財來財去平順而已。

沐浴星

沐浴星，又稱敗星，雖為桃花星，但因多讓人沈迷色慾，故忌入命宮、身宮、財帛宮、田宅宮。以入夫妻宮為吉。否則只是因色而破敗錢財而已。

咸池宮

咸池星，亦稱『桃花煞』，既是煞星，在人的命宮、身宮出現，只能幫助人的長相艷麗而已，況且個性趨向浮蕩、虛榮也不算好事，在進入人的命宮、身宮、福德宮時，即造成這些個性的形成、主人之好色。

咸池星出現在財帛宮或流年財帛宮時，因為是煞星，也並不會為財帛帶來好運。反而是再有其他的桃花星與煞星多時，容易造成真正的『桃花劫煞』，遇到遭強暴、劫殺的命運。

臨官星

臨官星的桃花成份很淺，主喜慶之事。在『人緣桃花』裡，也是因內涵質地太淺，而一般人比較不會談到它。

臨官星在遇到與吉星同宮時，可增長吉慶之事。但是和劫煞同宮時，亦被稱為『桃花煞』，與驛馬星在一起，成為『桃花馬』，主奔波及外緣強。所以臨官這顆星要看其與何星同宮；吉者為吉，凶者增凶。

臨官在財帛宮出現時，單星較吉，與其他的桃花星與煞星同宮，就成為沒有個性的星曜，隨波逐流了。

化祿星

化祿星平常多在財祿方面造福較多。實際上對於人際關係方面也是有潤滑作用的。

有化祿星在命宮的人，『人緣桃花』即『外桃花』亦強，這個狀況尤其在武曲化祿坐命者的身上最顯著。武曲坐命者多半是六親緣薄的人，但是加化祿星以後，『人緣桃花』增多，與親人的關係改善，與朋友的關係也較圓融。因此我們在談『桃花運』的問題時，是不得不提上一筆的。

前行政院長郝柏村先生就是武曲化祿坐命的人，對宮又有貪狼化權相照，不但形成『武貪格』的超強運勢，而且祿、權、科、忌四方照會，在命理上也是一奇。

郝柏村先生命盤中，四方三合相照守之桃花星都平均分配，

郝伯村先生命盤

父母宮 太陽 右弼 天馬 陀羅 己巳	福德宮 破軍 祿存 天姚 庚午	田宅宮 天機 文昌 文曲化忌 擎羊 辛未	官祿宮 紫微 天府 天鉞 臨官 壬申
命宮 武曲化祿 戊辰	陰男		僕役宮 太陰 左輔 癸酉
兄弟宮 天同 丁卯	木三局		遷移宮 貪狼化權 沐浴 甲戌
夫妻宮 七殺 丙寅	子女宮 天梁化科 鈴星 丁丑	財帛宮 廉貞 天相 火星 天魁 咸池 丙子	疾厄宮 巨門 乙亥

是最佳桃花助運（人緣桃花）的形勢了。因此桃花誹聞也少。

4. 桃花星在命盤十二宮所代表的意義

1. 桃花星在命宮的意義

桃花星出現在命宮裡的人，都長相討人喜歡，也多數是長相美麗的人。易招異性關愛的眼神。

桃花星出現在命宮裡的人，也多是口才與辯才較佳的人，他們也很會利用自己的特殊資源，從事以人際關係得財的行業。

例如說：業務員、保險公司營業員、演員、民意代表等等。

桃花星坐命宮的人，就是去做教師，也是會受學生歡迎的老師。

命宮裡桃花星多（三顆以上），或是在三合四方照會的桃花星多的話，通常都較喜愛享福，不喜歡勞動出力的事情，做事散漫，對於前途事業較有影響。尤其是有天姚、咸池、沐浴這些桃花星的時候，是喜歡動嘴不動手的人，愛漂亮、愛撒嬌、喜歡人家疼愛，因此演藝人員是他們最好的職業了。

命宮裡只有一顆桃花星，而主星是紫微、天府、太陽、天梁、天相等正派星曜的時候，是『桃花運』最有利於人的命運的時候。這一顆桃花星將成為你事業前途的潤滑劑。

命宮中的桃花星最好不要是咸池、沐浴這兩顆星。因為咸池是『敗神』、『桃花煞』。而沐浴是『敗星』，兩顆星都是屬於神煞之類的星曜。雖然在命理也能增強『人緣桃花』的成分，但較趨淫慾，會因淫念帶來破敗、煞害，算是不利於清白無瑕、守正端莊的命格了。

再如命宮中是太陰星的人，本身就是感情細膩、多愁善感的人，再有多顆桃花星，尤其是有咸池、沐浴同宮，其感情生活會過於複雜，談戀愛的時間和注重情慾的時間就佔據人生絕大部份的時候了，那裡還有精神注意事業和前途的問題，若再有羊刃（擎羊）同宮，因受鬱悶為情自殺在所難免，生命堪憂，更是讓人惋惜。

但是命宮裡有太陰、祿存的人，受到桃花星負面的影響會較小，對於桃花星的惡質較能有抵制作用。為什麼呢？因為祿存這顆星是『小氣財神』；有祿存這顆星在命宮時，為人較孤獨，秉性小氣吝嗇，做人方面較自私一點，一切會以自己為出發點。桃花星對他來說，只是影響他『外緣』較好，生性孤獨的人，是不會開放內心世界給人參觀進入的。

況且因為小氣吝嗇的緣故，也不捨得將錢財花在色慾方面，就算是別人肯買一送一，他也是要考慮再三，深怕傷害了自己的利益。因此有祿存星在命宮的人，先天上對於『邪淫桃花』是有抵制作用的。

張榮發先生命造

財帛宮 太陽 文曲 天刑 陀羅 臨官 乙巳	子女宮 破軍 祿存 天喜 丙午	夫妻宮 天機化科 擎羊 沐浴 丁未	兄弟宮 紫微 天府 天馬 戊申
疾厄宮 武曲 甲辰	陰男	土五局	命宮 太陰化祿 文昌 天姚 天鉞 己酉
遷移宮 天同化權 癸卯			父母宮 貪狼 火星 庚戌
僕役宮 七殺 右弼 壬寅	官祿宮 天梁 癸丑	田宅宮 廉貞 天相 左輔 紅鸞 咸池 壬子	福德宮 巨門化忌 鈴星 天魁 辛亥

長榮海運張榮先生是太陰化祿坐命的人，命宮裡尚有文昌、天姚、天鉞等桃花星。四方會照的又有天喜、紅鸞、咸池等桃花星，桃花不但幫他成就了事業，而且子女宮與田宅宮裡桃花星多的人，也主妻妾多。

2. 桃花星在兄弟宮的意義

桃花星出現在兄弟宮中時，你的兄弟手足緣份是很深厚的。不但如此，你與同輩朋友、同事之間的關係，也是緣份十足，不管是同性和異性都對你有好感，樂於與你親近。

兄弟宮和僕役宮是相互對照及互為影響的二宮，因此你與朋友、部屬之間的關係也和諧美妙，成為助力。這在十二宮中是屬於比較良好的位置。

兄弟宮或相對的僕役宮中出現的桃花星不能太多，只要一顆、二顆就夠了。這樣兄弟、朋友的幫忙，使你一生都受益不少。

兄弟宮的三合地帶也是要注意的地方，三合地帶就成鼎足三立的田宅宮和疾厄宮，桃花星多的話（有三顆以上），若其中又包括了咸池、沐浴二星，再加上七殺、破軍、貪狼或羊陀二星，流年、流月逢到，會有被強暴或因色慾犯事的問題出現。

尤其是　**破軍、天姚、咸池、沐浴。**

七殺、天姚、咸池、沐浴、擎羊。

貪狼、天姚、咸池、沐浴、羊、陀。

這些組合出現在兄弟宮、田宅宮、疾厄宮時最準。

3. 桃花星在夫妻宮的意義

一般都認為桃花星出現在夫妻宮是適得其所的。這樣有助於夫妻感情的和諧親密。目前社會上的男女都有晚婚、遲婚、不婚的趨勢，也有增進談情況說愛的機會的功能。

夫妻宮是我們表達男女情愛、感情形式與歸屬的宮位，倘若身宮又在夫妻宮的話，這種狀況更明顯。男女之情就是他們一生刻骨銘心的大事了。歷史上有許多這種見證。如不愛江山愛美人的英國溫沙公爵，和楚霸王項羽為虞姬失去江山。如衝冠一怒為紅顏，引清兵入關的洪承疇等等。他們為什麼會犯下如此的大錯？這都是因為桃花星在夫妻宮的緣故，而把情愛看得太重。

夫妻宮裡桃花星多的人，不但自己較為好色，其配偶的也多是貌美而好色的人。這怎麼說呢？因為夫妻宮是能看出配偶相貌、體型與個性，甚至工作性質、感情趨向的宮位。

夫妻宮裡桃花星多的人，尤其是像天姚，其配偶口才一定好、長相花俏。有咸池、沐浴，其配偶一定是貌美而多慾的。若夫妻之間配合得很好，當然幸福美滿。

若夫妻宮是**紫貪**、**羊刃**，再加**沐浴**、**咸池**或另一方的命宮有**紫貪**、**羊刃**。

或是 **破軍**、**天姚**（或加**沐浴**、**咸池**）

天相、**天姚**（或加**沐浴**、**咸池**）

成為『牆外桃花』，雙方都有紅杏出牆的事屢見不鮮，這夫妻的情份也就沒有什麼好說的了。

倘若夫妻宮有桃花星多再與煞星同度，或三合照會，因色慾被逼成婚，因強暴被逼成婚，或因色慾而影響一生事業運程的事在所難免，這也是需要警惕的事情。因為夫妻宮是與事業宮相對照的緣故所致。

4. 桃花星在子女宮的意義

桃花星出現在子女宮裡的時候，代表你的性能力很強，可以生產許多的小孩。尤其是有紅鸞、天喜、臨官和主星紫微、天梁、天府、太陰等星同宮的時候。有天梁、太陰和桃花星紅鸞等星同宮時，女兒生得多，其他如紫微、天府等主星則是男女各一半。

桃花星若是天姚、咸池、沐浴出現在子女宮時，你是對性遊戲有熱愛的傾向，時常想搞個小節目玩玩。但是你仍須小心！看看你的子女宮的方位，在四方三合地帶，有沒有煞星出現和潛伏著，倘若你絲毫不在意這些。偷腥不著而惹得一身騷的機運總是俏悄的等著你，在流年、流月行經子女宮的時候，你整天忙著的，可能就是因色慾而出的亂子了。

子女宮也是看子女相貌、個性、成就的宮位。倘若你的子女宮裡的桃花星是咸池、沐浴、廉貪等星，當然也子承父業（業障）承襲了你驚人的性能力與性趣了。

5. 桃花星在財帛宮的意義

桃花星出現在財帛宮時，一般人都認為會在錢財上增加收益。有一些學命理的學生特別鍾愛沐浴星，認為沐浴在財帛宮會多增錢財。

可是沐浴星是敗星，以在酉宮（桃花敗地）為長生，倘若你賺的是色情風化的財路，財帛宮又正好在酉宮，那肯定是會發財的。倘若你賺的是正經錢財，做的是正行，請問你敗星又如何讓你賺錢呢？

一般來說，財帛宮有咸池、沐浴宮這兩顆星，都是耗敗錢財的。因為兩顆都是神煞星座，一顆是『敗神』、一顆是『忌星』。

既然叫敗神與忌星，當然不是什麼好星，忌入命宮、身宮、財帛宮、福德宮就是理所當然的了。

到底有沒有能幫助財帛宮多進錢財的桃花星呢？當有有哇！像紅鸞、天喜、臨官這些吉慶之星，和昌曲居旺，在主星居旺時非常有助益。再就是化祿和左輔、右弼的輔助之功了。這些都是能助財運的桃花星。

雖然找到了能助財運的桃花星，但是仍然有一個大前題。就是在財帛宮的四方三合處不能有殺耗之星來同度與照會。殺耗之星就是七殺、破軍、羊陀、火鈴等星，若有這些殺耗之星的同度或照會，財來財去，無法留存，算來算去都是屬於零的。況且殺耗之星，都是甲級星曜、力量強大。而紅鸞、天喜、臨官，都是乙、丙級星曜，無法反制，能呈現的善緣也是不夠強勢了。

同理亦是如此，倘若主星居旺居吉，而沐浴是丙級星、咸池是戊級星，主星的強力旺勢也是壓制沐浴、咸池二星，而讓二個敗星，無法發揮惡質的潛能，破敗的程度會減至最輕。

再有，財帛宮不但指的是錢財問題。『帛』字更代表那個人的衣著。衣服也是觀看一個人貧富的標準嘛！

倘若財帛宮裡桃花星多的人，是很重視衣著的人類，愛美、愛漂亮也顯示在衣著上了。

倘若財帛宮裡有咸池、沐浴這兩顆星的人，其重視衣著的方式是只重價錢，而不重品味的人。他們通常喜歡高價位、名牌服飾，而對適不適合自己或顏色上的搭配問題是不講究的。所以我們常常可以在街上看到一些長相可愛，都穿著不屬於他們格調服飾的人們。

6. 桃花星在疾厄宮的意義

在桃花星進入疾厄宮之時，大家一定會想到那是和『性』有關的疾病了。

疾厄宮管得是人體的健康問題。『疾』是指內在傷害。『厄』是指外在的傷害與破壞。

桃花星在疾厄宮時，倒不一定是有花柳病之類的問題。有主星如紫微、天梁、太陰、貪狼、廉貞、昌曲、左右等星在居旺時，都是健康良好，沒有什麼大病災的。但居陷時就難說了。

如廉貪同宮時，二星俱落陷，會有性無能的毛病。

天同在卯、酉宮時，若再有擎羊、火星同宮、酒色之疾是免不了的。

貪狼與羊陀同宮，再有桃花星，常犯酒色之疾。

巨門與羊陀、鈴星同宮，有淫慾之病。

化忌星或天馬星再加桃花星，不論男女皆有性方面的困擾與疾病。

天姚入疾厄宮時，泌尿系統與膀胱會有疾病。若再加其他的桃花星和煞星，酒色之慾對健康是堪慮的。

紅鸞入疾厄宮時，單星時，容易傷風感冒，身體虛弱。再加沐浴、咸池，會因色慾因得病。

天喜入疾厄宮時，容易有頭部的疾病。再有其他的桃花星同度或相照，成為『肉慾桃花』，也是很容易得到性疾病的。

咸池入疾厄宮時，容易有淫邪的毛病，再加上其他的桃花星與煞星、花柳病是逃不了的了。

沐浴入疾厄宮時，只要不和其他的桃花星和煞星聚集在卯、酉宮，一般來說，是不會有什麼病災的。反之則會因色慾而得病。

7. 桃花星在遷移宮的意義

當桃花星出現在遷移宮之時，這是質實發揮『人緣桃花』的時候，極佳的親和力形成你的一股魅力，在人際關係中是所向無敵的。這也會影響你的社會地位，而且幫助你提高身份、地位。

好的遷移宮不但需具有桃花星，最好還帶有貴人星，這樣能輔助你的運程發展得更順利一些。貴人星中如天梁、昌曲、左輔、右弼都不錯，而且都是帶點兒桃花的貴人星。倘若你的遷移宮中具有一、兩個這樣的貴人星，那你不管走到何處都可長驅直入，到處有人幫忙照顧，立於不敗之地了。

我們外出時也要看遷移宮的吉凶。遷移宮代表著外在的環境，也就是我們所要前去的地方。

當桃花星出現在遷移宮時，你在外面應對的能力很得體，受到同輩和長輩人的喜愛，你外出的境遇是受到歡迎的。倘若桃花星太多，或是又有煞星沖撞，那你在外面就太容易招惹異性了，有煞星時，會給自己因招惹太過而帶來災害。

一個人的遷移宮是隨時隨地都存在的，例如說你到公司去上班，公司裡就是你的遷移宮，公司裡環境的好壞，也會顯示在你的遷移宮裡。有桃花星在遷移宮的人，在公司裡也會人緣好，相處愉快。但是桃花星多，又有暗耗（巨門、破軍）等星的人，在公司裡總是惹些戀愛緋聞，有時會把公司弄得烏煙障氣、翻天覆地的呢！

你若回到家裡，在家裡，以你自己個人本位，其他的兄弟姊妹、父母等都算是你的遷移宮了。若是你的遷移宮裡有桃花星，你會得到父母的寵愛，與兄弟姊妹的關係也和諧融洽，在家裡這個環境裡，也如魚得水，生活愜意。

但是遷移宮裡桃花星多，有二個以上，而且有天姚、沐浴、咸池等煞星的人，可要小心了！很可能在外面會受強暴或性傷害的事情，流年、流月要看好，避過將無事。

8. 桃花星在僕役宮的意義

僕役宮就是朋友宮，不但是看朋友是不是得力？也是看你領導能力，如何帶領部下的宮位。

僕役宮裡吉星居旺，又有一、二顆桃花星，這是最好的人緣境界了，不但朋友為你賣力，你的領導能力也是一流的才能。

僕役宮也是看『人災』的宮位；倘若流年、流月走到僕役宮，而宮中桃花煞星多，我們就會知道，那一個月將會發生桃花事件，有廉殺羊陀、化忌、桃花煞星，且會有生命的危險，這是可以預先防範的。可惜有很多人並不在意這些。

凡是要開創發展大事業的人，僕役宮好，且有正派的桃花星就會成功。僕役宮不好，桃花星又是煞星（沐浴、咸池），又會因桃花色事件多，而無法完成大業，這是對自己運程造成極大傷害的一環。

上屆總統候選人，陳履安先生本命是紫微、貪狼坐命的人，是個『桃花犯主』命，命宮裡還有天鉞、左輔、地劫等星。其僕役宮是文曲居平、天刑、紅鸞。相對的兄弟有天機化科、太陰化祿、鈴星、天喜、臨官，桃花星真多。僕役宮又有三合沖照的巨門化忌、太陽、祿存、天姚、沐浴、咸池等星。女人及桃花是非糾纏剋絆，是事業上最大的絆腳石。縱然有得力的男性部屬力挽狂瀾，總敵不過加起來算為十三顆桃花星，五顆煞星的威力。而陳先生在選舉時的流月上又逢到這十三顆星桃花星加五顆煞星的運程上，選舉的結果，自然是『桃花犯煞』，辛苦異常的了。

由此我們可以知道，『桃花運』像一泓明鏡般的湖水，看似美麗，但水能載舟，亦能覆舟，著實非常詭異的。

陳履安先生命造

財帛宮 武曲 破軍 右弼 天馬 陀羅 乙巳	子女宮 太陽 天姚 祿存 沐浴 咸池 丙午	夫妻宮 天府 擎羊 丁未	兄弟宮 天機化科 太陰化祿 鈴星 天喜 臨官 戊申
疾厄宮 天同化權 陰煞 甲辰	陰男 金四局		命宮 紫微 貪狼 左輔 天鉞 地劫 己酉
遷移宮 癸卯			父母宮 巨門化忌 庚戌
僕役宮 文曲 天刑 紅鸞 壬寅	官祿宮 廉貞 七殺 火星 天空 癸丑	田宅宮 天梁 文昌 壬子	福德宮 天相 天魁 辛亥

9. 桃花星在官祿宮的意義

當桃花星在官祿宮裡時，因官祿宮是表現一個人的身份地位、事業的最高境界。倘若只有一、兩顆桃花星在官祿宮是有利於事業發展升旺的。況且官祿宮又是和夫妻宮、相互對照影響，在夫妻感情方面也會有利和諧增長。

但如果桃花星多，又有煞星同宮，則不管是對事業、對配偶、家庭都會產生不良的影響了。

官祿宮當然很喜歡左輔、右弼、昌曲、魁鉞等貴人星來相助事業，蒸蒸日上。但夫妻間是不喜歡別人來相助多管的，因此當官祿宮有左輔、右弼、昌曲等星出現時，相沖到夫妻宮，所以有些人事業做得很昌旺之後，夫妻感情卻有變化，或離異了。因此在官祿宮中有些桃花星是對其有利的，某些則不是。

對官祿宮有利的桃花星有紫微、貪狼居旺、天梁居旺、廉貞居旺、太陰居旺、昌曲居旺、魁鉞居旺、天姚、紅鸞、天喜、臨官、化祿星。而同宮、同度或會照的桃花星不能超過二個以上，且無煞星的侵臨，才可稱得上對官祿宮有利。

學生看學習成績的能力，是不是讀書的材料，也是看官祿宮的。若要看當年或當月的學業成績好不好？則是要看流年官祿宮和流月官祿宮。

當學生的官祿宮中只有一、兩顆桃花星同宮或照會時（這兩顆星一定不能是沐浴、咸池）。則成了他在學校和學業上的潤滑劑，人緣佳，和師長同學相處愉快、成績也會較好。

當流年、流月官祿宮裡逢到桃花星多時，一種天然的趨動程式出現，他們會對異性情愛產生興趣，再有忌星或巨門暗曜進入，惹些是非及大小麻煩，是在所難免的了。

倘若你的小孩突然對交男女朋友產生興趣，又喜歡偷偷摸摸的看黃色書刊的話，或是因交往男女朋友而惹出事端，你就可以拿出他的命盤出來，在流年、流月的官祿宮裡找找看，是不是有較多的桃花星、煞星、忌星聚集？縱然真是如此，你也不必煩惱太多，等過了這個流月、流年，轉到下一個流年、流月，他自然會變好了，這一方面是運程的關係，一方面是成長的過程使然吧！

10. 桃花星在田宅宮的意義

在命理學上田宅宮代表了許多意義，因此一般是不喜歡桃花星落在田宅宮裡的。若有正派的『人緣桃花』一、兩顆星在田宅宮或四方三合來照會，則有助於『家運』，和『財庫』陰積財富。

有那些星可以幫助『家運』和『積財』的呢？

像紫微、太陰、左輔、右弼、文昌、文曲、天姚、紅鸞、天喜、臨官、化祿等星。必須居旺，或主星居旺時，且要注意同度照會的星不能多，少少的一、兩顆就好，是對田宅宮有利的。

我們也可從一個人的田宅宮看出他幼年的家庭環境、父母是否和諧？家庭是否溫暖？因為田宅宮在轉盤裡是父母宮之福德宮。若桃花星很多，又有沐浴、咸池等敗星，或是有羊陀、火鈴、破軍、七殺、巨門等破耗煞星，這個人小時候一定是不幸福的。父母會因桃花問題而不寧。這也會影響他自己以後的家庭。

田宅宮亦可看出一個人的家庭環境的變化，若是桃花星多，又有天機等動星存在，流年、流月逢到，會因桃花事情而搬家。倘若田宅宮裡，桃花星與煞星、羊陀、化忌等同宮，要小心性傷害的問題發生，此事在女人身上最準。因為在命理學裡，女人的性事問題是以田宅宮為主的。女子田宅宮多沐浴、咸池、天姚等桃花敗神與忌星者，個性較為淫蕩。

田宅宮也是財庫之位。若是多桃花敗星如沐浴、咸池等，再好的財庫也會為桃花破財，尤其是田宅宮又處在卯、酉宮之位，真是在劫難逃了。

11. 桃花星在福德宮的意義

福德宮代表的是一個人一生的享受及精神上內在涵養。福德宮裡有昌曲入宮或其他的桃花星多的人，都熱愛享受，尤其身宮又落福德宮的話，更甚！對享受太注重的話，對許多其他該奮鬥吃苦的事情就會放棄，保護自己太甚的結果，成就自然較遜。

福德宮裡桃花星多的人，長相美麗、個性多情，在感情上的掙扎也較多，戀愛的機會也多，迷戀色慾花酒、自以為是享艷福的情況，常讓他不能自拔。

福德宮裡有文昌、文曲坐命的人，為『玉袖天香』的格局，一生豔福多享，也較短命。

福德宮裡有左輔右弼星的人，貴人很多，男女貴人都有，算是『善緣桃花』。有天梁在巳、亥宮的人，因天梁居陷位，若再加沐浴、咸池二星，是四海飄蕩，到處留情，縱情淫慾的人。

有太陰星在福德宮裡時，本身桃花就重了，溫柔多情，『招惹異性，若再加其他的桃花星，男子會因女人而失敗。女子會因男子而落泊。倘若在福德宮的桃花星是太陰化祿的話，男子反而可以得到女人的幫助而有成就。

12. 桃花星在父母宮的意義

父母宮主要可看出父母與我們的緣份和感情深淺、父母的職業、社會背景等。

若父母宮裡桃花星多的時候，代表父母是外向開朗、人緣很好的人。但若桃花星是貪狼、昌曲、紅鸞、沐浴、咸池、天姚等桃花星多的時候，可能因為父母的外緣太好，而忽略了照顧家庭、子女的責任。再則父母宮裡，『淫慾桃花』太多的話，父母感情不佳，也會產生家庭問題。

父母宮也是可以看出你的上司、老板、長輩級的人物，以及老師和師父和你的關係的宮位。倘若一個人的父母宮的主星不強，又再有數顆桃花星，如包含咸池、沐浴等色慾桃花星的話，表示，他常有不太端莊的長輩，而這些長輩也常會發生一些事端讓他蒙羞。在流年、流月行運到這些有問題的福德宮時，其本人自己也要小心，事件會一再重覆發生在其自身的身上。

5. 各類命格具有桃花運的成份解析

紫微坐命的人

紫微本身含有正派的『人緣桃花』，因形貌敦厚、謙恭謹慎，能得到他人的尊敬，故是緣份較淺的『外桃花』。

紫微主星獨坐時，容易孤獨，有獨斷獨行、固執的毛病，此時若再有沐浴、咸池等桃花星同宮來相擾，其人會擔於迷戀女色，無法自拔，而影響事業前途。因此紫微獨坐時，最好同度與三合四方會照的星曜裡，不要有超過二個以上的桃花星才好。

紫府坐命的人

紫府坐命的人，都有精神空虛，高傲的個性，與物質滿足的特殊愛好。紫府坐命的人，也有桃花稍重的情況。因為紫府坐命的男子，長相一表人才，形貌忠厚，女子長相富貴討喜，加上他們都是精神空虛的人，容易引起桃花之事。

紫府加昌曲，桃花更重，且會言語閃爍，說話不實在。三合四方會照會紅鸞、天喜、天姚、咸池、沐浴等桃花星，成為一個富有又好色慾之徒。

紫府若在夫妻宮，再加左右二星的人，成為『邪淫桃花』，容易對人始亂終棄。

紫相坐命的人

紫相坐命的人，其桃花成份比紫府坐命的人較淺，尚在『人緣桃花』的範圍以內，紫相坐命者，理想較高，有些不切實際，再加上孤傲，與長輩上司容易衝突合不來，但在同輩人裡面，卻是人緣不錯，很討人喜歡的。

紫相坐命的人，若是桃花星相會的多，也會產生『色慾桃花』而轉向情愛色慾的追求，主要是因為紫相坐命必在辰、戌二墓宮，又為『天羅地網』宮，心情較悶，有志難伸之故。

紫貪坐命的人

紫貪坐命的人，基本上就是『桃花犯主』的格局。因紫貪必坐卯、酉二宮桃花敗地之故。桃花最重人緣奇好，男人、女人都喜愛他。

紫貪坐命者，都有很修長的體型，相貌忠厚、體面、氣質佳，看起來很氣派，有很吸引人的魅力。紫貪坐命者，酒量很好，個性雖然有些羞怯，但很阿莎力。喜歡被人逢迎，自己也很會拍馬，因此紫貪坐命的人升官很快。

紫貪坐命者，其財帛宮為武曲、破軍，財運都不好。但是夫妻宮為天府，有多金的妻室，算是好命的人了。

紫貪坐命者，若在三合之處，四方之位再有紅鸞、天喜、天姚、咸池、沐浴、文曲等桃花星及大耗來會照，而沒有吉星制化，或是空亡，化忌星來抵制，感情糾紛不斷，而且會因為風流好色，而影響官運及事業前途，這在力爭上游的奮發之士是不可不防的事。

紫破坐命的人

紫破坐命的人，因為人生波動很大，常常慾望太大，不能滿足，其桃花成份是屬於『色慾桃花』。倘若三合四方再有桃花敗星出現，和紅鸞、天喜、天姚，再加一、兩顆如羊陀、火鈴等的煞星，則成為『邪淫桃花』，桃花的品類是很低級的。

紫破坐命的人，一般卻有體面的相貌、豪爽的個性，很有男子氣概，身材健壯有很吸引人的魅力。但紫破坐命的人普通都是賺得多，花得多，且桃花星多的時候，常會因桃花破財。

紫破坐命的人，若是桃花星照會的多，又有咸池、沐浴等星來助勢，是個膽大妄為，不顧他人議論，而敢淫奔大行的人，若再加羊陀二星，其人更是無視於禮教，會幹出淫慾、強暴等大禍的事情出來。

紫殺坐命的人

紫殺坐命的人，其桃花運大多是『人緣桃花』（倘若沒有其他桃花星同度沖制）。

紫殺坐命的人，個性是強悍的，事業心重的，喜歡掌權做老闆和主管。因此桃花星對紫殺坐命的人來說，只會增加其『外桃花』的人緣關係，幫助其在事業上的發展較大。

紫殺坐命的人，命宮中若有天空、地劫、化權星，做寺廟中的住持長者、修道院的院長，也是非常有領導力的人，而且也多得信衆的尊敬與愛戴，會讓香火鼎盛。

紫殺坐命的人，若多加桃花敗星、紅鸞、天姚等與羊陀、火鈴等煞星聚集，也會成為『淫禍凶煞神』，這是非常可怕的人數，桃花形成低級、邪惡的『邪淫桃花』，是為天地所不容的。

天機坐命的人

天機單星坐命的人，倘若對宮及三合四方處來照會的桃花星沒有，則根本是個沒有桃花運的人。如此一來人緣較差，不討人喜歡，神經質嚴重，而且因為對宮為巨門星相照，是非又多、又會胡思亂想，家人親朋都對其頭痛。

天機坐命的人非常聰明、領悟力高，但常自恃聰明驕傲與人不合。若天機坐命加煞，或有化忌星，三合四方處有桃花敗星來會，雖然人緣會稍好一點，但是會多惹桃花淫禍上身，女子尤其要注意，吃虧較大。因為她們是不太願聽家人、長輩勸戒的，最後只會害到自己。

天機坐命的人，沒有耐心，容易見異思遷，戀愛的情況也是不妙，倘若桃花星只聚集在命盤上某一、二個宮位。是不容易有結識異性的機會，結婚也相對受阻。其個性有些怪異，不喜歡負責任，此種人多抱獨身主義，故而單身貴族中多是天機坐命的人。

機陰坐命的人

機陰坐命的人，相貌外型很美麗，男女都很秀氣。他們的頭腦靈活，但很鐵齒，對於五術有特殊靈感。桃花成份很濃厚。男命為『人緣桃花』，女命時，桃花更形強烈，造成感情複雜，糾纏不清的狀況。女子機陰坐命的人，常不計較的與人同居或做偏房。

機陰坐命的人驛馬重，奔波勞碌，人生是動盪不安的。

機陰坐命的女子，若有昌曲同宮，或在三合四方之處桃花星多，容易淪落下海，或做色情行業。所以我們常看到舞女、妓女為情自殺的新聞而感覺奇怪，既是在風月場所逢場做戲的人，為何還這麼想不開時，就得到答案了。

機陰坐命的人，個性較陰柔，有天機星的善變、神經質的怪異，也有太陰星多愁善感的細膩情懷，故一生都在感情抉擇中打滾，是個心思極亂的人。再加多顆桃花星與煞星侵臨，桃花變色，成為『邪淫桃花』了。

機巨坐命的人

機巨坐命的人，因其父母宮為紫相，一般都有很好的家世。善辯、口才好，一般來說，他們的知識程度較高，從事學術行業對他們有利。但機巨坐命的人，一生是非不斷，是其困擾。大多機巨坐命的人，桃花會轉成是非困擾，人緣算是麻煩，有時他們會不喜與人多有往來，成為孤僻的人。

機巨坐命的人，倘若有一、二顆桃花星同宮，或是三合四方處桃花星相照的多一點。因機巨坐命在卯、酉宮桃花地的關係，只要沒有煞星來照會成同度，他的們會有自己的戀愛方式，多採同居不婚，也不願公開戀情，以免引起是非，行為較保守。若有煞星同度或相照，這種特立獨行的狀況更明顯，且不懼他人的議論，成為『邪淫桃花』了。

機梁坐命的人

機梁坐命的人，其中的天梁星就有桃花的成份。機梁坐命的人、智商又很高，口才伶俐、善辨，倘若沒有其他的桃花星加會時，因為太聰明，人緣不見得很好。

機梁坐命的人，其三合四方的桃花星多時，尤其是有天姚同宮時，廢話很多，沒有重點，也易於招惹『色慾桃花』，較淫邪，倘若再有煞星，（羊陀、火鈴）同宮或照會，會成為心術不正的人，幹下邪淫之事。

機梁坐命的人，容易和宗教五術接近，也容易從事宗教或命理的工作，倘若桃花星多，而又加煞，成為邪淫之人，我們在報紙上常見，廟住或相命師騙財騙色的新聞，多是這種人所為，因此大家要小心！

太陽坐命的人

太陽坐命的人，本身有自己的魅力，它是如同太陽般博愛，陽光普照，揮灑大地的力量，因為人性萬物都是傾向光明的，故太陽本身是不屬於桃花的人緣魅力。它是一種吸引力而已。

太陽坐命的人，坦白沒有心機，做事講究原則，心軟、理財能力不佳，剛直、不拘小節，若沒有桃花星照合，結婚，談戀愛的機會較少。大家都敬他、愛他，但不敢造次的緣故。

太陽坐命的人，女命較勞碌，愛管束丈夫、兒子、能力太強、壓過丈夫，故有人不喜歡。若加桃花星較好，太陽的鋒芒較弱，女命個性較柔軟，處事也會圓滑，刑剋丈夫、兒子也會不嚴重了。

太陽落陷時，再有桃花星多，與煞星同度、照合的人，一天到晚忙碌異常，事業做不好，只是忙些邪淫之事，或做色情行業，晝伏夜出，沒有大志。若太陽落陷，有羊刃同宮，再加桃花敗星多時，會因感情問題，或邪淫事端敗露而自殺，這些在流年、流月都可看得出來發生時日的。

太陽坐命的人，若再有桃花星在三合四方有廉貞、紅鸞、火鈴相照。流年逢之會有發生火災的事故，太陽落陷時更準、更凶，若再加羊陀，會有因火災事故而喪生的危險。因此屬火、屬紅色的桃花星聚在一起多的話，還有火厄的困擾呢！

日月坐命的人

日月坐命的人，也就是太陽、太陰在命宮的人，這是屬於『日月反背』的格局，其人的個性會先勤後懶惰，做事有頭無尾，喜歡夜生活，勞心勞力型的人。

日月坐命的人，在丑宮時，太陰居旺，因此桃花成份比在未宮時強（未宮太陰陷落）。日月坐命的人，因陰陽雙會，個性變化無常，喜怒難料，容易三心兩意，腳踏兩隻船的狀況。在感情上也是如此，只要沒有桃花煞星來會，一般會停留在『人緣桃花』的境界，但是通常都是多會桃花星與煞星的，因此感情生活複雜。

日月坐命者的財帛宮是空宮、有機巨相照，財運上是非糾纏變化很多，所幸夫妻宮為天同，有很好的配偶不計較他的貧富與個性上的多變。

日月守命在未宮，再遇昌曲、同宮或相夾，有出世的榮華，一生運程造化很不錯，但感情上不順利，會有情感的折磨。

日月守命而桃花星照合多的話，桃花問題也多，所幸配偶溫和，可以原諒他。但事業上總是不美，因官祿宮天梁陷落再加桃花犯煞的問題，影響了吉運前程。

巨日坐命的人

巨日坐命的人，女性比男性桃花重，戀愛需要競爭，他們也具有很強的競爭力。男性則為較淺的『人緣桃花』。巨日在寅宮坐命的人較勤奮，事業較會成功，工作多固定，或為公務員之流。有天刑、化權等星可做司法官員。巨日在申宮時，照命比坐命好，會先勤後怠惰，是非較多。也喜歡吹噓，說話較不實在。

巨日坐命的人，桃花星多的時候，坐命在寅宮的人會發奮去爭取愛情。而坐命申宮的人，較趨向『色慾桃花』，會走入不正當的感情關係裡，流連忘返。

陽梁坐命的人

陽梁坐命的人，坐命在卯、酉宮桃花地上。在卯宮較好，在酉宮時懷才不遇，離鄉奔波，口舌是非多，牢騷滿腹。桃花星照會的多時，男子容易有桃花是非糾纏不清。女子容易遇人不淑，命運坎坷。

陽梁在卯坐命的人，為『日照雷門』的格局，有官貴之顯榮。人緣好，不拘小節，講義氣，也是『陽梁昌祿』格的得意命格。

女子為陽梁坐命的人時，有男子氣概，喜做事業，桃花星多時，常為風月場所大姐頭的人物。

武曲坐命的人

武曲為剛毅的星座，亦稱寡宿星，故武曲坐命的人，實際是沒有桃花運的人，若沒有化祿星及其他的桃花星來照會，會成為量小慳吝之人。但武曲獨坐時，必會貪狼星，形成『武貪格』，不但對事業、財運有爆發的力量，且在人緣上也因加會貪狼這顆桃花星，而得到人緣的改善增進。若再有化祿同宮、照會，六親的關係會更好。『人緣桃花』得到實質的利益。

武曲坐命的人，若身宮逢廉貞星，是為『財與囚仇』，居陷地時一生貧寒，縱有桃花、也難救援，成為淫賤之人。

武府坐命的人

武府坐命的人，因坐財星與庫星，為天生富命，『人緣桃花』是很強烈的，若會魁鉞二星，會在金融機構上班，再多會如紅鸞、天姚、沐浴、咸池等桃花星，成為『色慾桃花』，其夫妻宮為破軍、婚姻容易有問題。

武府坐命的女子，長相美麗、嬌艷，色慾重，有些成為黑市夫人，多金享受好，但仍然精神空虛。

武府坐命的人，如再多會桃花星和煞星，『因財被劫』的關係，會為富不仁，始亂終棄，多行不義之事。

武貪坐命的人

武貪坐命的人，因命宮中即有貪狼這顆大桃花星，人緣是極佳的，他們擁有武曲的個性剛直與毅力，和貪狼圓滑不得罪人兩種個性於一身，桃花運是多了一些。

武貪坐命的人，勤勞刻苦，須離鄉發展，外緣好，是橫發格，倘若再加化祿星，桃花很重。再有多位桃花星來會，橫發後，飽暖思淫慾的事情將一再發生，直到暴起暴落後結束。

武貪坐命的人，再加化權星時，財星掌權，桃花被剋制，只有極淺的『人緣桃花』，增加其外緣的能力罷了。

武貪坐命的人，若加化忌、羊陀等星，桃花部份得到剋制，成為慳吝的小人，因龍困淺灘之故，發財的部份也較少。

武相坐命的人

武相坐命的人，桃花淺，為『人緣桃花』，其事業心重，注重衣食享受，是武曲星裡孤剋不嚴重的一族。他們主觀很強，理財欠佳。

武相坐命的人，需要三合四方處有桃花星，戀愛的機會才會多，否則他多是晚婚、不婚的單身貴族。

武相坐命的人，若再會桃花敗星（沐浴、咸池）與煞星（羊陀、火鈴）；因財被劫，會成為慳吝貪欲的無齒小人。

武相坐命的人，最喜會昌曲、左右、魁鉞等星，人緣好，文武全才，財官並美，個性較圓融。

武殺坐命的人

武殺坐命的人，桃花更少了。他的個性頑強，有些古怪，做事硬拼，斬釘截鐵，敢愛敢恨，沈默話少，但在表達意見時很直接，肯講道理。三合四方處有一些桃花星對他們是好的，成為人際關係上的潤滑劑。

武殺坐命的人，非常好動，外傷也多，有化忌、羊陀同宮或照會，會因財受傷，或因財持刀。再加沐浴、咸池、會因女色或色慾敗財後持刀傷人。這都是因財被劫的關係。

武殺若入夫妻宮，再加沐浴、咸池等桃花敗星，會因色慾成婚，再因錢財問題，夫妻反目。或是與人同居後又因錢財而持刀相向，晚婚或多看流年可以預防。

武破坐命的人

武破坐命的人，也是『因財被劫』，桃花較少的人，一生勞碌、六親無緣，是個孤注一擲的冒險家。他們精神空虛，巧藝為生。若三合四方處有桃花星來會，人緣會好一點。但不能有沐浴、咸池二星，否則也是淫奔夜行，不受禮教約束的一族。

武破坐命的人，再加多顆桃花星與煞星同宮或照會的人，個性會惡質，做奸犯科，老時窮困終了。

天同坐命的人

天同坐命的人，因為是福星坐命，個性溫和懶散，喜享受，長相眉清目秀，較豐滿肥胖，福星坐命的人，本身雖沒有桃花，但三合四方之位必有多位桃花星相照，感覺上他也是桃花極重的人。

天同坐命在巳、亥宮的人，在卯未宮必有相照的桃花星，寅、申、巳、亥宮也必有相照的桃花星。本命又坐在四馬之地。動蕩不安，桃花加驛馬為『桃花馬』，淫蕩不免。男子得此命。較邪派多從黑道。

天同星在卯、酉宮時，因處於桃花地，再多會桃花星，亦屬風騷淫慾之人，女子得此命多為黑市夫人、偏房之命。

天同若有化忌星或對宮有天梁陷落相照，會激勵人較勤奮上進，事業有成，桃花星照守多的話，有多次婚姻或有多次同居經驗再所難免。

同陰坐命的人

同陰坐命的人，必坐命於子、午宮。子宮較好，太陰居廟，午宮太陰陷落，財運、桃花運皆不佳。

同陰坐命的人，本身桃花極重，在子宮為『水澄桂萼』之貴格，一生天福永享，男命會得女子之助而成功。

擎羊坐命在午宮有同陰相照的人，為『馬頭帶箭』格，從軍職會威震邊疆，但也有傷『桃花運』，靠近他的人，都會受到刑剋。

同陰為女命時，都是美麗而淫慾重的人，在子宮時，桃花運較佳，享受好，多為妾室。在午宮時，感情不順，享受不到財運，生活較苦，桃花淫慾，只有付出，沒有感情上的收穫，有時連妻室都做不上，是個倒貼虧本的人。

同陰在午宮的女子，若再有羊刃同宮，桃花星守照又多的話，常因感情問題而多次自殺，最後也是走上不歸路。

同巨坐命的人

同巨坐命必在丑、未宮，因二星俱陷落，為人口舌是非多，常犯小人。本來是沒有什麼桃花運的，但三合四方處總有桃花星照會或相夾，又因巨門暗曜的關係，造成情慾極重的『色慾桃花』。因此我們常可看到同巨坐命的人，一般的人緣並不好，是非又多，但奇怪的是與異性的糾葛特別多，這就是『色慾桃花』與巨門暗曜之間所產生的關係了。

同巨坐命為女命時，再有魁鉞入命的人，做偏房夫人的機會更多，一生辛勞，與家人也不合，其辛勞也沒有成就，主要是因為辛勞多是為了享樂而已。

同梁坐命的人

同梁坐命的人，個性上是溫和、固執，喜歡照顧別人的人。因天梁是顆桃花星，很容易與人接近，又因熱心的緣故，又很容易得到別人的信賴，桃花星同宮或相照得多的話，人較好色多淫，常以熱心為接近對象的手段，男子較浪蕩，女子多淫貪，女子做演藝人員好。男子做公職好，因多會形成『機月同梁』格。

廉貞坐命的人

廉貞又稱次桃花，亦是囚星。廉貞坐命居旺時，人緣較佳，個性剛烈，較喜用計謀，凡事會用計劃來奮鬥。廉貞坐命者的桃花等級，大多為『肉慾桃花』，因此廉貞坐命者的戀愛觀，是速戰速決，很快就發生實質的關係上去了。

廉貞坐命居廟旺時，因個性較強，尚稱貞節。廉貞落陷時，再會貪狼、天姚、咸池、沐浴等桃花星，淫賤多慾，為娼妓之命。

廉貞若加昌曲坐命的人，多是油腔滑調的好色之徒。廉貞會桃花星、煞星時，人會成為邪惡無品之人。淫惡至極。廉貞坐命寅、申宮，有四煞及化忌星照守，桃花星又多會為情自殺。

廉府坐命的人

廉府坐命的人，很有外交手腕，因坐辰、戌墓宮，桃花被制化為『外桃花』之故。但三合四方的桃花星仍多的話，制化不住，亦會轉為『肉慾桃花』。

廉府坐命者的夫妻宮多不好，為破軍，桃花星又多的人，有多次婚姻，或與人同居的人也不少。感情算是不順。

廉府坐命的人，個性較陰沈，不多話。遇到桃花情事，看似被動，其實是很主動的。其對宮有七殺沖照，也算是『因財被劫』，再有三合處的擎羊、陀羅照會，形成『廉殺羊』、『廉殺陀』的惡局，若再有桃花星來會，敗在淫禍上的時日，從流年、流月可看得出來。

廉相坐命的人

廉相坐命的人更靜，更不喜歡說話了。有昌曲同宮或相照時，更是膽小羞卻，但桃花卻更重。他們的桃花也屬於『色慾桃花』，是用偷嚐禁果的方式秘密進行的。

廉相坐命的人，再加羊刃，桃花星又多的話，為『刑囚夾印敗桃花』，會有桃花官司上身，流年、流月逢到要注意！

廉貞化忌，天相坐命加羊刃的人，要注意血光的問題。

廉殺坐命的人

廉殺坐命的人，若不會桃花星的話，本身廉貞居平，為七殺剋制住了桃花成份，而變得沒有什麼『人緣桃花』。

但是廉殺坐命的人再加會多顆桃花星時，又成為『色慾桃花』。為人衝動好色了。再加羊刃時，會因桃花感情問題而持刀，造成官府纏身的危機。也會因為形成『廉殺羊』的惡格局，受到淫禍的傷害。有廉貞化忌時更甚！

廉破坐命的人

廉破坐命的人，也是很陰沈，平常話少，但口才很好，說話較狂妄，平常沒有什麼『人緣桃花』。有桃花星照守時，即變成『肉慾桃花』或『邪淫桃花』。

廉破坐命的人，一生波折很大，橫發橫破，暴起暴落，為人衝動，有桃花星多時，或有桃花敗星咸池、沐浴加會，因色慾衝動與人動武相拚是常有的事。

廉破坐命的人，若再加桃花星與羊陀、火鈴，常會因情色之事想不開，有與石俱焚的念頭。

廉貪坐命的人

廉貪坐命必在巳、亥宮，雙星皆在陷落之地。其人意見多，多說少做，幻想又多，卻沒有主見。

一般來說，廉貪坐命的人，人緣不好，是屬於沒有『人緣桃花』的。但是『色慾桃花』、『邪淫桃花』卻很重。

廉貪坐命的女子外表粗鄙、潑辣，有人覺得是野性美，口直心快，不得人緣。但桃花星多時，是沒有規範，不從禮教之人，很難去糾正她，為娼妓之命。若加劫空照守命宮才稍能習正。

廉貪加陀羅坐命的人，為『風流彩杖』格，男命三度新郎（也許更多次），女命三嫁。若再有化忌同宮或照合、注意花柳病、愛滋病的發生。

廉貪加煞星與多位桃花星照會時，流年、流月逢到有因淫禍破財，以致喪生的危險。

廉貪坐命者，命格不高，再有桃花星三合四方來照會，多做淫賤之事，女命娼妓，男命淫邪鼠輩。

天府坐命的人

天府是祿庫星，又是田宅主。天府坐命的人，終身衣食豐足，享用極佳。天府星本沒有桃花。因多財而人會附會他。故而人緣不錯，天府加文曲時，桃花就很多了。也容易變成『色慾桃花』。

天府坐命的人，有忠厚老實，坦白的個性，喜歡嘮叨，對錢財吝嗇，對自己大方，喜愛物質享受。

天府星可制四煞，但天府坐命的人，多會桃花星，再加羊刃時，其個性變得奸詐，對情人會始亂終棄不認帳。

天府坐命的人，若命宮再會空亡，再多的桃花星照守，老來也是孤獨。

太陰坐命的人

太陰本是桃花星，故太陰坐命的人桃花重，太陰又是戀愛相思之星，太陰坐命的人，男子有女性化的傾向，說話舉止陰柔，喜好風花雪月，態度和順，多與女性親近，太陰陷落而桃花星多時，多敗在女性的手中。

太陰坐命的女子，是標準的女人，具有溫柔的女性美，桃花星照會多時，感情問題多。尤其是太陰居陷或有化忌星時，感情不順，容易失戀或單戀，愛自己的人雖多，卻不是自己所愛的人，真鬱卒啊！

太陰坐命又會文曲星的人，桃花重，靈感好，可為命術相士之流。

太陰坐命的人，本來是剋母、妻、女，與母、妻、女緣份較薄。但太陰化祿的人，卻化解了部份的刑剋，與母、妻、女較合得來了。

太陰坐命的人若再會紅鸞、天姚、沐浴、咸池等多位桃花星和羊陀火鈴等煞星，也是較淫慾的組合，終究會犯淫慾而受到傷害。

貪狼坐命的人

貪狼為桃花之宿，為禍福主，化氣為桃花。是名正言順的大桃花星，正桃花星。

貪狼坐命的人，居旺時人緣特別好，多才多藝、博學不精，愛求表現，慾望大，嫉妒心重，做事快速而潦草。

貪狼坐命在辰、戌、丑、未宮為『武貪格』，加火鈴為『火貪格』、『鈴貪格』，為橫發之格。若再加羊陀及桃花星，因桃花淫事而破格，暴發運受到抵制而不發，會影響到財富的多得，實屬可惜。

貪狼坐命的女子，較不耐寂寞，再加羊陀、紅鸞、天喜、天姚、咸池、沐浴、左右、昌曲、魁鉞、多屬『肉慾桃花』，生活較淫亂。

貪狼坐命的男子，居旺時，較有名士風度，外表身材、長相都屬一流，頭腦聰明反應快。貪狼加空劫時，桃花減輕，能習正。做人也較正派。

貪狼是偏財星，貪狼坐命的人，也多有暴發之佳運，一生有多次暴發的機會，故而貪狼坐命的人對投機的生意、事務也較有興趣。倘若桃花星多，又有羊陀沖制，『肉慾桃花』多，形成挾制，暴發運受到影響時，他們是會很憤慨自悔的，但是仍逃脫不出命運的安排，因為淫慾的習性已經造成，投機取巧的心理，仍讓他們明知不可為而為之了。

《紫貪坐命者，請看紫微星中之紫貪部份》

《武貪坐命者，請看武曲星中之武貪部份》

《廉貪坐命者，請看廉貞星中之廉貪部份》

巨門坐命的人

巨門化氣曰暗為暗曜，又稱隔角煞。在人身宮、命宮主是非、口舌便佞，生性多疑，愛欺騙，做事做人都反覆無常。

巨門坐命的人，口才很好，加化權，說話很有權威。加化祿較有人緣，口才好，食祿佳。加化忌星，則廢話很多，頭腦不清。

巨門坐命的人，本來沒有桃花，加文曲星桃花重。加化祿星為『人緣桃花』。加其他的桃花星或有咸池、沐浴來會，為『邪淫桃花』，巨門落陷或有化忌星同宮時，更甚！

巨、火、羊再會桃花星天姚、紅鸞、咸池、沐浴等星，會因桃花事件而厭世自殺。

巨門在辰、戌宮坐命的人，若與火、鈴同宮，逢惡限為『巨逢四殺』格，再多加桃花星，會因桃花事件，死於外道。若三合湊殺，有火厄。有羊陀同宮，男女都是邪淫犯案之人。

巨門在巳、亥宮坐命的人，幼年命運多桀難，易遭遺棄。巨門居亥時，因對宮之太陽在巳居旺。辛年生的人有巨門化祿，若再有鸞喜、天姚、咸池、沐浴與昌曲、左右、魁鉞等桃花星，可為娛樂界的名人。癸年生的人，有巨門化權、較富貴，再有昌曲、左右、魁鉞等桃花星，在傳播界有名聲。但巨門坐命在巳、亥宮的人，不能有羊陀同宮或照會，否則會是邪淫無度，且遭火厄的命運。

《同巨坐命者，請看天同星中同巨坐命部份》

《機巨坐命者，請看天機星中機巨坐命部份》

《陽巨坐命者，請看太陽星中陽巨坐命部份》

天相坐命的人

天相為善福之星，司衣食、化氣為印，為官祿主。天相坐命的人，因為是福星坐命，人人多依附他。而他本身的桃花極淺，僅屬『人緣桃花』的最淺層，也應該算不得桃花的。

天相能化廉囚之惡，有昌曲照合為沖破，再有天姚同宮，或照合，福星受制，為『邪淫桃花』。有天相、昌曲在命宮的人，淫慾甚重，與異性交往隨便，同居的問題更是司空見慣，且多喜好酒、色、賭。

天相落陷時，人較矮瘦，三合四方處桃花星多的人，又有沐浴、咸池來會，極重色慾。

天相與廉貞、羊刃同宮、相照時為『刑囚夾印』的格局，會有官非纏身。而再加桃花敗星，則為因桃花之事而惹官司。

天相與羊陀同宮坐命的人，福星受挫、折福、破相、勞碌，桃花變色，成為『邪淫桃花』。

天相與天姚同宮坐命的人，個性較邪，容易和毒品、黑道掛鈎。桃花亦為『邪淫桃花』。

天相加火鈴加桃花星，有色慾疾病，且帶病延年。

《紫相坐命者，請看紫微星中紫相坐命部份》

《武相坐命者，請看武曲星中武相坐命部份》

《廉相坐命者，請看廉貞星中廉相坐命部份》

天梁坐命的人

天梁星司壽祿，化氣日蔭，帶桃花，為正桃花，是『人緣桃花』。

天梁坐命的人，正直無私，有名士的風度，孤高自負，外表厚重威嚴，心地善良。天梁居旺時，會太陽、文昌、祿存、化祿為『陽梁昌祿』格，於子、午、宮為天梁入廟，無煞富貴，應科高中，考試第一。若再加紅鸞、天喜等桃花星，財官並美，且得姻緣之喜。中年以上得之，會喜上加喜。

天梁在巳、亥宮坐命時，因已陷落，對宮有天同居廟相照，其人會好逸惡勞，為漂泊之命，有昌曲、左右、魁鉞相輔相照。個性較淫，還是漂泊不定，故此種人多為船長、藝術家、或東奔西走的學者。

天梁在巳、亥坐命的人，有羊陀、火鈴為敗局，再加桃花星為傷風敗俗之流，其桃花為『邪淫桃花』。主下賤、孤寡、早夭短壽。

《陽梁坐命者，請看太陽星中陽梁坐命部份》

《同梁坐命者，請看天同星中同梁坐命部份》

《機梁坐命者，請看天機星中機梁坐命部份》

七殺坐命的人

七殺星為戰星、戰將，亦為孤剋星，故七殺單星坐命的人是沒有桃花的。需有桃花星同宮或四方三合來會，七殺星命的人才會有桃花。

七殺坐命的人，眼大性急，有威嚴，有魄力，個性剛強，少年坎坷有外傷，一生吃苦耐勞，堅忍不拔，喜好冒險。七殺坐命的人因為殺星坐命，算是福不全。再加桃花星，亦是對感情不利，如七殺加天姚，有明顯強烈的感情糾紛。

七殺加羊陀，再遇桃花星，尤其是咸池、沐浴，會因桃花『邪淫桃花』而發生血光災禍，不得不防。

《紫殺坐命者，請看紫微星中紫殺坐命部份》
《武殺坐命者，請看武曲星中武殺坐命部份》
《廉殺坐命者，請看廉貞星中廉殺坐命部份》

破軍坐命的人

破軍星為司妻、子、奴僕之宿，主禍福，為殺氣，化為耗星。桃花為我生我洩，亦為耗氣，不過兩者不同，破軍為財物、血光上的破耗。桃花為精、氣、神之破耗罷了，這是有區別的。也因此，破軍與桃花星同宮時，為『肉慾桃花』或『邪淫桃花』，淫慾更烈。

破軍坐命的人，好勝心強，敢愛敢恨；個性多疑，變化多端，讓人難以捉摸，反覆不定，私心很重，有報復心態做事衝動，幹勁十足，多破祖離鄉去創業。有祿星（祿存、化祿星）照守較好，財運及人緣較佳，但多會桃花星時，也淫蕩不免。

破軍在子、午宮坐命的人，甲、癸年生的人再加照守權、祿二星，為『英星入廟』格，官資清顯。有左、右同宮則高官厚祿。

破軍坐命的人，若與昌曲同宮，為懷才不遇之命，奔波勞碌，一生貧苦，且有水厄。再加桃花星照會，只會更亂陣腳，做出敗德喪名之事出來。

破軍在寅、申宮坐命的人，甲、丁、己、庚年生的人，財官雙美。若與火、鈴同宮，再加桃花星，奔波勞碌，多為色情行業奔波。若逢祿存、天馬為浪蕩多淫的人。尤其是女命破軍居中宮的人有流落風塵的現象。

破軍在辰戌宮坐命的人，其對宮為紫微、天相，宜從武職，或競爭強烈之行業。丙、戊年生的人富貴多，再有左右、魁鉞等星同度，財源滾滾，大權在握。若有昌曲同宮，貧窮勞碌，再加桃花星多時，貧且賤。有火鈴同宮，再加桃花星，勞碌爭鬥，為女色而爭。有擎羊、陀羅同宮，再加桃花星，因色慾而殘疾在身。

《紫破坐命者，請看紫微星中紫破坐命部份》
《武破坐命者，請看武曲星中武破坐命部份》
《廉破坐命者，請看廉貞星中廉破坐命部份》

文昌坐命的人

文昌星屬金屬陽，司科甲。文昌坐命的人，若沒有桃花星來照守，是沒有桃花運的人，人較正派、陽剛之故。

文昌坐命的人，眉目清秀，精於計算，是個不喜吃虧的人，表面文質儒雅，學識廣博，多有巧藝。

文昌坐命於巳、酉、丑宮為入廟，於寅、午、戌宮為陷地。文昌坐命最喜於三合四方之處會合太陽、天梁、祿存或化祿，形成『陽梁昌祿』格，主以科考富貴成名。文昌居陷地時，再加煞沖破，或多會桃花星，為帶疾延年（因色慾有關的毛病）。

文昌坐命的女子，即便是入廟多加吉星，亦是富貴而福不全的人。陷地時，照會廉貞、火星、擎羊星，成為娼妓之命（有才藝之妓）。

文曲坐命的人

文曲坐命的人，是『桃花滾浪』格，文曲在身宮亦屬之。桃花重，為『色慾桃花』。若與貪狼同度為『邪淫桃花』。男子政事顛倒，粉身碎骨，女子淫慾，多為黑市夫人。

文曲與天相同宮，男子為風流才子，女子為『桃花艷女』。

文曲與巨門同宮時，男女都桃花是非糾纏，再加桃花敗星，因桃花而起的官司麻煩不免。再有羊陀同宮時，會因桃花醜聞自殺。

昌曲遇羊、陀、火鈴四煞在財帛宮時，為有名但無利，清貧的寒儒學者。

昌曲夾命屬貴格，但昌曲同坐命宮的人，定會其他的桃花星，有名無利，桃花重，因色慾的機會多，自命風流，而造成事業停滯不前，心情較反覆，不知是要桃花，還是要事業，輾轉一生。

昌曲化忌時，文昌為智力減弱，精神不集中，文書上的麻煩。文曲化忌時，是廢話多，沒有中心思想，桃花禍事纏身。

天魁坐命的人

天魁星為天乙貴人，為陽貴人，主貴、功名、風雅。天魁單星坐命時，命宮中為空宮，無主星，命不強。因此魁鉞二星以相夾、相拱命宮為佳。

天魁坐命的人，為極淺的『人緣桃花』，為人清高，不惹麻煩，因此天魁單星坐命時，是看不出有什麼桃花韻事的。

天魁星因陽剛，再多遇桃花星時，較直接了當談色慾之事。

天魁遇貪狼等桃花星，為『裸體桃花』，喜暴露自己的身體。

天魁坐命，若有日月、左右、昌曲會照，早年揚名，一帆風順，且可娶賢德美貌之妻。女子為天魁坐命者，會吉星多者，可為貴婦。會煞星多者，淫慾險惡。若桃花星再多會照之人，人心險詐、淫亂。

天鉞坐命的人

天鉞坐命的人，有實質的『肉慾桃花』。天鉞再多加會桃花星，愛美，愛撒嬌，愛出風頭，心地較軟，同情心太多，長相美麗，多招惹追求者而不會拒絕，自惹煩惱。

天鉞坐命的男子，其個性外表陰柔，趨於女性化。又喜與女性接近，桃花纏身無法自拔。

天鉞坐命的女子，美麗可愛，溫和沒主見，很容易落入愛情的圈套。

天鉞再加會紅鸞、天喜、咸池、沐浴等桃花星為『糊塗桃花』，落入淫慾的深淵。

天鉞為玉堂貴人，陰貴，夜間出生的人為貴。

魁鉞坐命的人，皆為貴人坐命宮，雖較吉，但多成為別人的貴人，對自己則為多犯小人。不過也總能化險為夷。

祿存坐命的人

祿存坐命的人，衣食不缺，剛直、固執、老實、但吝嗇。

祿存為孤獨之星，六親緣薄，本身沒有桃花。

祿存逢主星居旺化祿時，人緣較佳，孤剋不嚴重。那是因為化祿星帶來的『人緣桃花』的關係。

祿存獨坐命宮時，又無吉星來照會，也不遇桃花星的人，一生受他人欺侮、孤獨刑剋，遭遺棄或改姓為他人養大，因又是『羊陀夾制』，再加化忌星，為『羊陀夾忌』，命程更凶，大小限、流年、流月逢到，有性命之憂。

祿存若逢主星居陷，再加擎羊與鸞喜、沐浴、咸池、天姚等桃花星三合照守，會以色情為行業。

女命祿存單守，再遇桃花星時，感情問題縈繞無解，多財而淫。

左輔、左弼坐命的人

當左輔或右弼星獨坐命宮時，都是命宮中無主星，多是離宗庶出，或為他人養大，幼時與父母緣淺的人。

左輔、右弼皆為平輩貴人。左輔屬陽性貴人，右弼屬陰性貴人，也因此，左輔星之桃花較淺，只是表面上的『人緣桃花』而已。而右弼星是真桃花，當多位桃花星照守時，會從『人緣桃花』變成『淫慾桃花』，加四煞為『邪淫桃花』。

有左輔、右弼坐命的人，都是溫和敦厚重感情的人，不喜與殺、破、狼同宮或照會，再加桃花星，婚姻波折多，且情感較易受傷。

當左輔、右弼遇四煞和有化忌星進入田宅宮時，小心在家裡受到強暴。

女子夫妻宮有左右加廉貞、羊刃時，容易遭遇強暴，或被逼成婚之事。

一般夫妻宮有左輔、右弼星者，多再婚，再有桃花星紅鸞、天姚、天喜、沐浴、咸池三合照會，婚姻裡會出現第三者，有外遇。

左輔、右弼與天同同宮坐命的人，再會天姚、咸池、沐浴。

女命與人同居，成為黑市夫人，男命吃軟飯，為女人所養。

戊年生的人有右弼化科，壬年生的人有左輔化科，大運、流年逢到，會有因桃花韻事而出名的情況嚴重發生。

擎羊星坐命的人

擎羊化氣曰刑，主凶厄，又稱夭壽星。擎羊亦稱羊刃。擎羊坐命者，多有傷殘、破相、眇目、痲臉之狀。個性、剛強殘暴、孤單，親恨仇怨，六親無依。

擎羊本身沒有『桃花』。以辰、戌、丑、未年生的人，又坐命在辰、戌、丑、未宮者為福，有權威及機謀。若坐命在子、午、卯、酉四敗地，為在陷地，刑剋極重。尤以卯、酉宮有橫死夭亡之慮，若再有桃花敗星（咸池、沐浴）沖照或在卯、酉同宮，必以淫禍橫死收場。

女命擎羊，就是入廟多加吉星都是凶殘、破相、美中不足、不得善終的事。主星陷落，再逢羊刃，尤其是太陽、太陰陷落遇羊刃，流年、流月不好，會自殺。

擎羊女命再逢耗殺，桃花敗星沖破，淫亂下賤，最後以孤寡終了。

流年、流月、流日逢到擎羊星時，都要小心血光之禍。當三重逢合時（流年、流月、流日都逢到）有死亡的危險，若有桃花星很多（三個以上）同宮、對宮，或在三合處相照，要小心因桃花或強暴事件而危及生命的厄耗。女子不得不防！

陀羅坐命的人

陀羅為忌星，主是非，又名『馬掃煞』。

陀羅坐命者，以辰、戌、丑、未年生的人，坐命辰、戌、丑、未宮為福。陀羅本身亦無桃花。但與桃花星同宮或相照時肆虐，形成『邪淫桃花』。

陀羅單守命宮的人，居旺為威猛有機謀的人，武職榮昌。居陷地時，奸滑不仁，是非多，心術不正，橫成橫破有惡果。女子為此命時，也是外虛內狠，無廉恥之心，六親不合，若與桃花星同度照合，淫虐更甚。

陀羅與貪狼同宮或照會，酒色成疾，且因色犯刑。此為『風流彩杖』格。同宮於申宮時，多做屠宰業。

火星坐命的人

火星屬陽，為殺神，性剛烈，入命宮時，人的面色較紅、毛髮也會發紅。居旺時，身材稍壯高度中等。居陷時矮瘦有麻臉或傷殘的狀況，心毒。與羊陀同宮時，幼時難養，給別人養較好。

火星坐命的人，本身沒有桃花運。有貪狼來同宮或照會為『火貪格』，有暴發財運之機運，可解火星凶殘之惡。但桃花運會影響財運之暴發，故而不宜多照會桃花星。若三合四方桃花星照會得多時，暴發運不是發得小，亦或完全不發了，實屬可惜！

火星坐命的人，都是速度很快，做事猛烈，急躁不安的。居旺地與貪狼相會時，大起大落，富多貴少。居陷地時與親人、朋友相剋害不和，官災、疾病，一生多是非下賤之事糾纏不清。女命在陷地者，淫邪喪德，外虛內狠，傷夫剋子，實屬不佳，若女命陷地無貪狼來會，而又桃花星多的人，謀害親夫或同居之人，時而有之。

鈴星坐命的人

鈴星屬陰，為殺神、殺將。鈴星坐命的人，面型古怪、破相、心毒膽大，東南方生人及寅、午、戌年生的人主福。

鈴星坐命的人，本身無桃花，刑剋六親，人緣不佳。

鈴星坐命的人，若與貪狼同度，在辰、戌、丑、未四墓宮，而三合有吉星拱照，不再加煞星，可立功邊疆，為權威出衆的大將。且為『鈴貪格』會爆發財富。但也有暴起暴落的煩惱。

鈴星坐命的人，比火星坐命的人聰明，反應快，機智。但好大喜功、心胸狹窄，做事常後悔，有意想不到的災禍。

鈴星坐命的人，若有桃花星同宮或照會多時，鈴星居旺的人，常做出莫名其妙的淫禍之事，毀自己的一生。鈴星居陷的人，根本就是淫盜匪類。

鈴星坐命的人，會羊陀二星，則形貌不清，傷殘，破相可延年益壽。照會七殺，陣亡凶死。與廉貞、羊刃、天刑同度，會遭刀刃之厄多為不吉。

※流年、流月逢到火星、鈴星，要注意火災及火傷、燙傷、發高燒、發炎，及一切血光、車禍之事。

天空坐命的人

天空屬火屬陰，為上天空亡之星，入命為劫殺之神。天空在人命宮時，做事不喜走正道，成敗多端成虛空，操勞奔波且會破財。

天空坐命者，沒有主星，三合加殺化吉，一生飄流疾苦。有桃花星多顆照會者，為桃花而飄流，為桃花而疾苦。

天空坐命者，為『半天折翅』之命格，流年逢之，再遇化忌，或『羊陀夾忌』，必主凶亡。更恐中年時跌剝，運程落陷。倘若橫發，必主凶亡。以命宮在亥宮，子時生的人，和命宮在巳宮，午時生的人最懼。

大、小限俱逢天空時，一切榮華富貴化為烏有。

地劫坐命的人

地劫屬火，屬陽，主破耗，為劫殺、虛耗、空亡之神。

地劫坐命的人，身材瘦小，性情多疑喜變，作事疏狂，喜邪僻之事。地劫坐命的人，本無桃花。有桃花星來會時，邪淫敗德。

地劫坐命的人，為『命裡逢劫』格，為刑傷、破財。有吉星同宮或加會災禍稍輕。地劫單星坐命者，較凶。

如地劫單星坐命，廉貪來會照，幼年坎坷，成年也不行正道，人緣差，人見人厭。再有桃花星來會，成為『邪淫桃花』主凶，再有煞星照合，大運、流年、流月逢之，因淫禍而喪生。

化祿星坐命的人

化祿屬陰，主財祿，掌福德。有化祿星入命宮者，『人緣桃花』強，擅長交際，有善緣。

化祿最喜遇祿存，有二星夾命，有金玉滿堂，政通人和之福。化祿入命，再有官祿宮、財帛宮有化科、化權相會照的人，為『三奇嘉會』格，權貴、官顯、富多，為人生之至大佳運命程。

化祿星的桃花運是正派而有善緣的，不喜多會桃花星，若桃花星多時，會造成感情問題上之干擾、影響運程前途。化祿亦不喜入辰、戌、丑、未四墓宮，雖化吉而無用。

也不喜與天空、地劫、空亡、化忌、耗神同宮或相照，以免運程起伏太多，虛妄耗財。

化權星坐命的人

化權屬陽，主權勢掌生殺，入人之命宮，喜與化科、化祿相會，為貴格，文章蓋世，財官雙美，若有煞星來會，只有虛名。

化權星本身沒有桃花。主星化權坐命，如紫微化權，貪狼化權、太陰化權（桃花星化權星相遇）時，主掌握人緣機遇，能號令於人，在四方三合會煞星、桃花星多時，尤其加天姚、沐浴、咸池、紅鸞等星，其人較重色慾，會有淫亂暗昧之事，流年不利時爆發而影響運程。

化權星最不喜與羊陀、耗星、天空、地劫等星同宮或照會在官祿宮，會有官災貶調之災。

化科星坐命的人

化科星屬水屬陽，主聲名，掌文墨。化科本身無桃花，入人之命宮時，聰明有才華。能增人之文雅風度。

主星有桃花與化科同宮坐命時，為人風流文雅。才華洋溢，故化科喜會化權、化祿，形成財官雙美的格局。

化科不喜與空亡、天空、地劫相會，形成科甲不順、懷才不遇，孤獨、六親無緣的境況。

化科也不喜與桃花星多遇，尤其是沐浴、咸池桃花敗星，主與科甲無緣。也不喜落入陷宮，若再加桃花星，則會留戀風塵，苗而不秀了。

化忌星坐命的人

化忌為多咎之神，好嫉妒，主是非。化忌星入命宮的人，一生是非多，運程不順。

水命之人，或主星皆在廟旺之地，可以化忌不忌論，但也是勞碌奔波，辛苦不已。

化忌星本身無桃花，但助桃花煞星為虐。倘若桃花星照會得多，再遇化忌與四煞星，淫禍犯事，淫禍受難，在劫難逃。流年逢之最好要小心！

化忌星中以太陰化忌、廉貞化忌、巨門化忌、文曲化忌、貪狼化忌會與『邪淫桃花』糾纏不清。感情困擾、色慾糾葛，再加煞星時，危及生命，因桃花而喪生。

化忌在酉宮桃花宮出現時，有明顯的感情困擾，流年逢之有婚姻受阻，戀愛不順，桃花犯忌、淫禍上身之苦。

哈!哈!
NO.1
變形企業
新任總裁
年齡:28.未婚
收入:1000000000

第三章

如何利用『桃花運』增進財運

實用紫微斗數精華篇

學了紫微斗數卻依然看不懂格局，
不瞭解星曜代表的意義，不知道命程形局的走向，
人生的高峰時期在何時？
何時是發財增旺運的好時機？
考試、升職的機運在何時？
何時才會交到知心的好朋友？
一生到底能享多少福？成就有多高？
不管問題是你自己的，還是朋友的，
你都在這本書中找得到答案！

法雲居士將紫微斗數的精華從實用的角度
來解答你的迷惑，及解釋專有名詞，
讓你紫微斗數的功力大增，
並對每個命局瞭若指掌，如數家珍！

如何利用『桃花運』增進財運

以『桃花運』來增進財運，這是大家都渴望的事情，但是否能如願或能增進多少呢？卻是大家心存懷疑的事了。

要利用『桃花運』來增加財運，當然首先重要的是看財星與桃花星的配合問題。

財星有天府、武曲、太陰、化祿、祿存、七殺等星。貪狼為偏財星。其中以太陰、化祿、貪狼為財星與桃花星的兩棲星座，都包含有雙重的個性。七殺亦為必須拼命爭取的戰將財星，要付出勞力才會得財。在如此的狀況下，就要看這位主星是不是乘旺，還有和它同宮的星座是否還有桃花。

財星居旺

主星居旺時，給人帶來的運氣，好處居多。惡質會少一些。財星尤其要居廟旺之地，才能有助財運的開展。

太陰、化祿、貪狼這三位既是財星，又是桃花星的星曜，在居旺時，不但財祿重，而且桃花重。如再有其他的財星幫助他們，財富像是探囊取物一樣的方便取得。

例如太陰逢祿存有千鍾之富。貪狼遇武曲有暴起之財等等。倘若太陰、化祿、貪狼這三位星座居旺，但來相合、照會幫忙的，不是財星而是桃花星時，財富依然不少，但因桃花多，人緣喜事多，人較忙碌，忙的是感情上的問題，精神層面錯綜複雜，而且人的慾星增大。倘若來會的是沐浴、咸池兩桃花敗星，則無吉而有煞了。因桃花而起的色慾之念，將會讓你敗財。

天府祿庫

天府星在古書上云：『天府為祿庫，入命終是富，萬傾置田庄，家資無論數……』

天府是祿庫星，居人命宮，不論旺弱都有一定的財富，生活享受好，而且喜歡追求物資上的享受。由此可知在他們的感情生活裡算是實利主義的人。

天府祿庫星，若是逢到桃花星多時，如紅鸞、天喜、昌曲、沐浴、咸池等星時，其為人較好色，妻妾會很多。古時候，妻妾也是家財的一部份。現在時代改變了，天府加桃花星多的人，外遇多，較會養細姨。

但是天府星是個較會計較、小氣的人，錢喜歡花在自己的身上，所以天府坐命者養細姨，發洩『淫慾桃花』時，是不會花太多的錢在對象身上的。故而奉勸這些想淘金，願委曲做小的女人們，倘若發現你的頭家是天府坐命的人，千萬不要以為找到了金飯碗，會一世榮昌。相反的，或許寒窰的日子，正等著你呢！

武曲財星

武曲在天司壽，在數司財，一般稱財星。

書云：『武曲守命福非輕。』這指的是財星守命必主富的狀況。武曲在財帛宮其實更主大財，和天府同宮，有億萬之富有。

武曲星坐命的人，個性剛強果決，有喜有怒，可福可災。若與祿馬交馳，可發財於遠方。和貪狼同度，亦有偏財運，有暴起之巨財。但武貪之人，個性慳吝。貪狼雖也主桃花，在這裡被武曲制化，成為較輕微的『人緣桃花』了。

武曲財星與破軍耗星同宮時，已居於陷地了，雖在財鄉，而財到手成空，難居顯貴。武曲、七殺同宮，更是因財被劫，得財較少。

因此我們也可看出，武曲雖是財星，仍得居廟旺之位，才主有財。

武曲居廟旺之位，與桃花星同度相遇，便產生了與武貪一樣的狀況出來了，形成利己損人的個性。所以武曲坐命的人，四方三合處，雖有桃花星照合，人緣較好，為錢財而『利己損人』的狀況是無法改善的。

武曲單星坐命的人，縱然多遇桃花星，只要有羊陀來會，則因為孤剋的關係，而對自己產生自刑，讓『利己損人』的個性得到制化而消失。

太陰財星

太陰為田宅主，為財星。又為妻宿，帶桃花。太陰為月星，有上弦、下弦之分。太陰若與化祿同宮，以雙祿論（必須在旺宮）。太陰居酉、戌、亥、子、丑為旺宮。酉為上弦，子、丑宮為下弦。太陰居酉宮坐命的人，為人聰明機警，有奇智，是文武全才的人，同為『陽梁昌祿』格，居旺，三合照守，富且貴矣！（長榮海運張榮發先生即是此格）

太陰居子、丑為下弦，雖居旺地，為人陰柔無威嚴。因太陰在子為同陰同宮坐命。在丑為日月同宮坐命，太陽失輝、陽剛較弱的原故。

因此太陰在酉是以貴為富。而太陰在子、丑坐命的人，只以富論。太陰星本是談情說愛之桃花星。再遇紅鸞、天姚、天喜、臨官等桃花星，會帶來財喜之樂，而切忌沐浴、咸池等敗星來會，因淫生慾，桃花變色，敗財亦敗德，影響一生運程。

太陰化祿時，桃花重，財祿亦重，只要四方三合沒有殺破之星及四煞（羊、陀、火鈴）來會，富貴情愛享受不完。有煞星來會，為桃花是非糾纏，一生不得安寧。

化祿祿星

化祿星最喜再與財星相遇為雙祿，其總威力大過祿存星。化祿亦有桃花，為外桃花，人緣桃花。逢主星亦為桃花時，會減少財祿的多得。惟有對貪狼化祿較無影響，在『武貪』、『

火貪』、『鈴貪』格裡，更增暴發之財數。

廉貞化祿：廉貞為桃花星，較重情慾。廉貞逢化祿時，受到影響而習正。因此，廉貞化祿為精神上的享受好。常有艷遇，稍有小財可進。但是能獲財的成份很少。因此廉貞化祿坐命者，須看四方三合照守之星為何，不能輕斷為經商得財，或本命有財等等。

天機化祿：天機好動，有變的因子。化祿為財星，淺桃花。能增加天機的『人緣』，但對財的助力不大，故天機化祿坐命的人，只是財來財去，雙手成空。故不主富。

天機化祿的人，化祿是帶給他極淺的『人緣桃花』，其情況只是比天機單星坐命時稍好。

天同化祿：天同是福星，化祿為財祿星，兩星相遇合而為『福祿相扶』。天同是懶福星。化祿有桃花。天同化祿，可減少辛勞，桃花厚重，常轉成『肉慾桃花』。事業上的開創力降低，有錢有閒，頻添感情糾葛。而天同化祿的財，是別人賦與的，不是自己勞力所得，故而只是安享。不會積極爭取，財不算多。

太陰化祿：太陰是財星、桃花星。化祿亦主財祿與桃花。二者相遇為雙祿雙桃花。命裡逢之，財源滾滾，財務順遂，但也桃花滾滾，有情愛波折，艷遇不斷，感情困擾明顯。

貪狼化祿：貪狼為才藝之星，好吟遊，為正桃花星。有意外之好運。化祿為祿星，含桃花。兩星相合，貪狼必須在旺地，才能暴發財富。一般時，只形成桃花的惡質形象。男性易沈溺於酒色財氣之中，女性易變為殘花敗柳。有火、鈴同宮或相照時，較能抵制桃花惡質。

武曲化祿：武曲是財星，化祿是財祿星，二者相遇為雙財祿。財源上是滾滾而來，堆金積玉的。

武曲化祿在寅、申宮有天相同宮，最不喜有文曲化忌來會，桃花是非也滾滾而來，成就不佳，且有淫禍。

在財運上說，武曲在辰、戌宮不喜化祿。因辰、戌宮為天羅地網宮，財星受困，較難衝破天羅地網的約束，徒增辛勞，桃花也對其不利。

太陽化祿：太陽本身有極強勢之富貴力量，不需四化星來助，因此太陽化祿，主財的力量有限。只能增輝，而沒有實際的增財作用。

化祿的桃花性質，也只能給太陽帶來『人緣桃花』，這實際上也是錦上添花的作用。太陽的熱情揮灑，自然形成一種吸引力，那裡還需要極淺的『人緣桃花』呢？

當太陽化祿遇紅鸞、天喜、天姚、沐浴、咸池等多位桃花星時，財的部份增進的較少，情愛的促進作用較多，很容易進入『肉慾桃花』的境界裡去了。

巨門化祿：巨門是咎星，多生是非。咎星與財星會合。巨門化祿，雖主有財，必須用口才去獲得。財星的威力不是很強，錢財也不易長存，宜為他人服務，或做公職教職為佳。

因此，當巨門化祿逢到桃花星來照會相守得多時，只增桃花是非的糾纏，對錢財的獲得較少。化祿也只能稍增巨門星的『人緣桃花』，使巨門星的口才更滑溜的得人喜愛罷了。

天梁化祿：天梁為蔭星，桃花星。化祿為財星，有桃花，雙層的桃花夾制，使蔭星無法發揮化吉的功力。因此天梁不喜歡化祿。

天梁化祿時，只會給自己帶來許多感情困擾，若再有財星來湊熱鬧，一切意外之財和桃花混亂，一起成為天梁的包袱，拋也拋不開。

天梁化祿，若再加其他的桃花星，會削弱其化吉呈祥的功力，天梁居旺時還好，居陷地，桃花煩擾更多，再有煞星來沖照，化祿變得無用，天梁也失去蔭星的福力了。

破軍化祿：破軍是耗星，有多疑善變，而且衝動的特性。對錢財消耗多，進財少。始終是入不敷出的。

破軍化祿雖主財，但質量不高。錢財處理上也有缺失。不宜經商取財，只宜公教職，或民營機構上班。

破軍化祿再加桃花星，桃花星會泛濫成災，因破軍有破壞邪惡的力量，故破軍化祿再遇桃花星時，對錢財只有因桃花淫禍而破財，對於進財毫無一點幫助。否則就是以色情為業的人，能賺到錢，但成為另一種福份破耗。

＊武曲、太陰、貪狼三星化祿時來照守命宮，都富貴極大，但在辰、戌、丑、未四墓宮，雖化吉無用。因受『天羅地

網』的牽制所制。

祿存祿星

祿存為財星、祿星、衣食之宿、錦上添花之星。祿存坐命的人為『羊陀夾命』，六親緣薄，有孤剋，沒有桃花成份。

祿存坐命者，不貴而主富，衣食不缺，較吝嗇。

祿存等於化祿，但力量大於化祿。最怕有化忌星、羊陀、劫空來會，『祿逢沖破』，吉中藏凶。

祿存需要有強有力居廟旺的主星同宮，才能為人帶來極大的財富。在命宮裡有桃花星多來會照時，造成喜愛物質享受，桃花變成『肉慾桃花』，而精神空虛的狀況。

祿存是小氣財神，孤剋感較重，有桃花星來會守，人緣較好，人也比較討人喜歡一點。

主星陷落時，祿存再加桃花星坐命，其人會經營色情行業。『桃花運』對祿存的幫助在此。

七殺財星

很多人不知道七殺也為財星，這是一種必須身體勞動、辛苦而賺來的錢。七殺主爭、主勞碌奔波較凶悍。

七殺坐命或守財帛宮，有吉星同宮較好，而桃花星加會，對七殺得財的影響不大。反而七殺若會天姚、沐浴、咸池，會造成情感上的問題，糾紛很多。七殺遇紅鸞時，有血光之災。

文曲旺財

文曲星雖是司科甲，主聲名的星曜，但有幹練敏銳、精打細算的能耐，在四方三合照守命宮或財帛宮時，也能主財運。流年逢之在旺位時，財運更佳。

在紅鸞、天喜、臨官等星與文曲相會時，更能多增財運。但天姚、沐浴、咸池等桃花敗星，又在桃花地酉宮時逢之，則會變成『桃花滾滾』，對財運沒有助益，再遇凶星，桃花無制，成為淫亂舌辯之人。

綜合上述的分析，有一個結論，就是增進財運還是需要財星本身的逢金帶福。而桃花星中能助旺財運的只有紅鸞、天喜、臨官。而其他的桃花星如廉貞、太陰、貪狼、昌曲、魁鉞、天姚等星必須乘旺不會煞星才能有所益處。而沐浴、咸池二星只是敗星流年、流月裡逢到財星與桃花星乘旺照守時，不會煞星及桃花敗星，當月、當年即能大進錢財。反之，則會因桃花與煞星的結合，造成感情上或身體上的是非麻煩，這是需要注意的。

第四章

如何利用『桃花運』增進官運

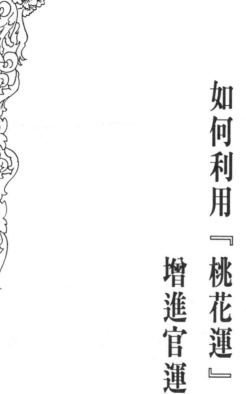

好運隨你飆

每一個人都希望事業能掌握好運而功成名就
你知道如何能得到『貴人運』、『交友運』、
『暴發運』、『金錢運』、『事業運』、
『偏財運』、『桃花運』嗎？
一切的好運其實只在於一個『時間』的問題
能掌握命運中的『旺運時間』
就能掌握一切的好運，要風得風，要雨得雨
好運隨你飆——便一點也不是難事了！
『好運隨你飆』——
是法雲居士繼『如何掌握旺運過一生』一書後，
再次向你解盤運氣掌握的重點，
讓你更準確的掌握命運！

如何利用『桃花運』增進官運

要利用『桃花運』來增進官運，在筆者看來，要比用『桃花星』增進財運要容易得多。因為桃花是『我生我洩』，基本上與財運有點衝突，桃花代表性能力，是一種消耗。

桃花和財運站在同一陣線上，稍不小心，就超過了界線而形成犯亂的淫事，就要破財了，那裡還能增財呢？因此要增財運就要小心謹慎，維持桃花不能太多，要在界線之內才行。

官運就不一樣了。這裡所談的『官運』就是『事業運』。事業有百行各業，不一定是做官，因此也不一定限於『利於官運』的『陽梁昌祿格』。

有助於官運、事業運的桃花星有紫微、太陰、貪狼、天梁、廉貞、化祿、文昌、文曲、左輔、右弼、天魁、天鉞、天姚、紅鸞、天喜、臨官，對於桃花星可說是一網打盡！就算沐浴、咸池二桃花敗星，在於對官運、事業運的影響上也不大。事實上有很多人需要它們二個，例如演藝人員，尤其是男女青春偶像。

青春偶像必備的桃花星

假若青春偶像人物的命格裡，盡是些天魁、左輔、文昌、天喜、臨官等比較正派的桃花星，其受歡迎的程度，鐵定贏不過命宮或三合照守有咸池、沐浴二星的人。為什麼呢？

因為咸池、沐浴二星雖稱敗星，較淫，但是它是主風騷、美麗、諂媚、機巧、討喜、邪妄的那麼二顆星座，此外如天姚也有這種性格，所以應該說此三星為影劇偶像人物的必備條件吧！

另外如做酒店生意，KTV、餐廳，一切服務業的人，命宮三合照守有天姚、沐浴、咸池等三顆桃花星的人，都會有很好的業績的。

但是特別要注意的是金融、銀行業的人，都千萬不要有天姚、沐浴、咸池這三顆星，因為金融、銀行業的人，是一板一眼、帳目清楚，需人格絕對純正的人，又和金錢有關，倘若有這三顆星在命宮照守，流年不利時，桃花敗事，容易發生銀錢上的虧空，那就不妙了。

我們先來看看有桃花星鞏固官運居旺的格局。

紫府朝垣・食祿萬鍾

例如廉貞坐命在寅宮，三合處有紫微在戌宮、天府在午宮來朝的情況。或是廉貞坐命在申宮，三合處有紫微在辰宮、天府在子宮來朝。亦稱『人君訪臣』。食祿千鍾為貴格，其中紫微星為桃花星。若再多逢桃花星來照守，真是共襄盛舉，官運亨通，事業會飛黃騰達。

明珠出海・穩步蟾宮

如坐命空宮在未宮，有同巨相照的人，日（太陽）在卯宮，月（太陰）在亥宮來朝照，為『明珠出海』格。

或者是太陽坐命在辰宮，對官戌宮有太陰相照。

亦或是：太陰坐命在戌宮，對宮辰宮有太陽相照，此三例都是主極貴之命，事業大發。而太陰即是桃花星。如再多遇桃花星，只要不會四煞，都是能增事業之吉運，財官雙美的格局。

日照雷門・富貴榮華

如太陽坐命在卯宮，三合處有左右、昌曲、魁鉞來守照，富貴榮華一生。其中左右、昌曲、魁鉞都是關鍵性的桃花星。若再加紅鸞、天喜、天姚、臨官等桃花星更妙，此格較不懼煞星來會，縱使有，亦主溫飽。

月朗天門・進爵封候

如太陰坐命亥宮，三合處有左右、昌曲、魁鉞相拱，有大富貴，事業暗積陰財。

在此格中，太陰為桃花星，左右、昌曲、魁鉞都是桃花星，形成桃花星大會合的局面，若再逢紅鸞、天喜、天姚、臨官等另類桃花星，官運亨通，事業大進財，雖有感情困擾，『桃花運』是抵擋不住事業運的昌旺的。

科權祿拱．名譽昭彰

科、權、祿為三顆化吉星，若坐命中有其一，另外財帛宮、官祿宮，分別別有另外兩顆化星，即是三合照守，稱之為『科權祿拱』，定有高官厚祿，前途無可限量。

其中化祿星為『桃花星』，能增財、增『人緣桃花』，助貴之功大矣！

天祿天馬・驚人甲第

如坐命在寅、申、巳、亥四個宮，剛好有祿存或化祿、天馬坐守命宮，更在三合處有昌曲、魁鉞、左右等守照的人，其參加國家考試的能力一流。如有鸞喜、姚臨等桃花星更妙，可因科考有意外之好運。

日月同臨・官居侯伯

若坐命在丑宮，日月在未宮。或坐命在未宮、日月在丑宮稱之日月同臨。再加昌曲、左右、魁鉞三合照臨，發福為官更大。此格亦有做大公司集團董事長之職者，可見是政商皆宜。

武曲廟垣・威名赫奕

如武曲在辰、戌二宮坐命的人，為上格，丑、未坐命者次之。再有權、祿、左右、昌曲星照守，其成就更大。赫柏村先生為此格。

貪鈴並守・將相之名

如坐命在辰、戌、丑、未、子宮，貪狼、鈴星皆居廟旺，出將入相。能掌大權。如坐命子、辰二宮的人，再有左右、昌曲、魁鉞來會更佳，發福更大。

天府臨戌有金扶．腰金衣紫

假如甲、乙年生的人，天府坐命在戌宮的人才算是，有煞星照會的不是。而且要有左右、祿權、魁鉞、昌曲三合照守，才能財官雙美，腰金衣紫為貴。

七殺朝斗．爵祿榮昌

假如七殺坐命在寅、申、子、午四個宮，居廟旺之地。亦要左右、昌曲、魁鉞坐照相合；才能富貴榮華，官運亨通。加煞者不算。經商者此格亦能大有作為，做大公司負責人。

坐貴向貴・文章蓋世

如果身宮、命宮坐命天魁；而有天鉞在對宮相照。或是身宮、命宮坐命天鉞，有天魁在對宮相照。稱之為『坐貴向貴』格。三合處再有科、祿、權、昌曲、左右來照合更是吉化，定貴美矣。主文貴，有文章學問蓋世之美。

左輔文昌會吉星・尊居八座

如命宮中有左輔、文昌坐命者，三合處有祿、權、科、魁、鉞來拱照的人，定位高權大。但有劫殺、天空星同宮的人不算。

機巨同宮・公卿之位

如機巨坐命卯宮，又是辛年、乙年生的人，再遇左右、昌曲、魁鉞之吉星三合照守的人，能登高位，掌大權。此格適合公職，學術研究。林洋港先生為此格。

貪火居廟・名鎮諸邦

如貪狼、火星坐命於辰、戌、丑、未宮的人，三合處再有祿、權、科來拱照最吉。如加羊陀、劫空者，則不為此格。此格最適宜軍警職，有突發之旺運。官運、財運俱佳。經商者有此格也不錯。

巨日同宮・官封三代

有巨日坐命在寅宮的人，而無劫空四殺照臨的為此格。再有昌曲、左右、魁鉞、科、權、祿來照臨者更佳。其人有辯才，得重望，可做民意代表，連橫之臣。

機月同梁作吏人

坐命在寅、申宮的人，有同梁坐命，照會天機、太陰二星必做吏人（公務員）。天同、天梁、天機、太陰此四星必須身、命三合，才為准，少一星則不是。此格再加左右、昌曲、魁鉞為公務員中之姣姣者，位高權大。

陽梁昌祿格

命宮及三合處有太陽、天梁、文昌、祿存、化祿星照守者，利於科考，官運亨通，此為最佳之吉運。若有左右、昌曲、魁鉞相輔相成，地位更高。李登輝總統為此格。

由上述，我們看到的，『桃花星』在官運中佔有極重要的地位，桃花星大者如紫微、貪狼、太陰、天梁、文昌、文曲、左輔、右弼、天魁、天鉞等星，小的如紅鸞、天喜、天姚、臨官、沐浴、咸池諸星。他們不但帶來極佳的『桃花運』，更助長了事業成功勝利的獲得。

事業成功，在財運上也是得到好處，只不過多付出了勞力而已。因此想不勞而獲，想用『桃花運』直接爆發財富的人要失望了！『桃花運』對於偏財運也是只有傷害，而沒有助益的呢！

第五章

如何利用『桃花運』增進辦事效力

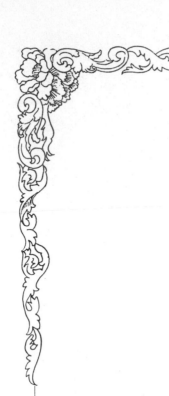

紫微幫你找工作

『男怕入錯行，女怕嫁錯郎』。
現在的人都怕入錯行。
你目前的職業是否真是適合你的行業？
入了這一行，為何不賺錢？
你要到何時才會有自己滿意的收入？
法雲居士用紫微命理幫你找出發財、升官之路，並且告訴你何時是你事業上的高峰期，
要怎麼做才會找到自己有興趣的工作？
要怎樣做才能讓工作一帆風順、青雲直上，沒有波折？
『紫微幫你找工作』就是這麼一本處處為你著想，為你打算、幫助你思考的一本書。

如何利用『桃花運』增進辦事效力

利用『桃花運』來增進辦事效力，也就是主要要利用『人緣桃花』這個部份了。『色慾桃花』、『邪淫桃花』都是不適宜，而且會頻添是非禍亂的。

我們在流年、流月裡，逢到有桃花星降臨的日子裡，都是有『桃花運』的日子。在這些日子裡，你的長相討喜，說話靈巧，是個很易於讓人接近的人。

雖然你的人緣是這麼的好，說到要增加辦事效力，就非得有貴人的幫助不可，這樣才能方便辦事，順利而且快速，於是你又需要貴人星的協助了。

貴人星指的是天梁、左輔、右弼、天魁、天鉞、文昌、文曲。天梁是上天蔭福之神，有機謀、正義。有桃花。

左輔：陽貴人。平輩貴人。

右弼：陰貴人。平輩貴人。桃花重。

天魁：天乙貴人。長輩貴人，陽性貴人，名正言順的幫忙。

天鉞：玉堂貴人。長輩貴人，陰性貴人，助人為暗中幫忙。

文昌、**文曲**：臨時貴人。能幫助你思想敏銳，是一種短暫而有力的力量。

『桃花運』加貴人星，不但讓你辦事效力宏大，而且讓人心服口服，真摯的為你所用為你做事。但是仍有下列幾點，你必須要注意的事：

一、貴人星不能多，一、兩顆照會就好。貴人星能幫助你。但是貴人星多的時候，也表示你的災難也多，是不能不防的。

二、桃花星相遇的也不能多。桃花星多的時候，只怕人緣好過了頭，馬上成為『變色桃花』，與你周圍的人形成情愛糾葛。倘若發生了糾紛，辦事效力打了折扣，不勝反敗，實屬不智。

三、『桃花運』的運用也是『切急用忍』的，不能心急氣躁。某些人的流年、流月裡本來沒有『桃花運』，但卻自己自做聰明的佈局，製造『桃花運』來對自己有利。這種狀況就是行腳於刀鋒邊緣的人，一不小心就會有災禍降臨，到時候就有難以收拾的殘局。

第六章

如何利用『桃花運』尋找情人

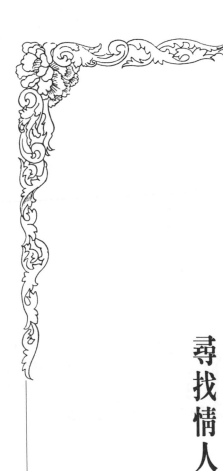

如何利用『桃花運』尋找情人

一般未婚男女，要想預知自己未來『情歸何處』。配偶的長相、外型、個性等等的預測資訊，彷彿是年青適婚年齡男女共同喜愛的遊戲了。

在紫微斗數中，是非常容易的可以得到這個答案，而且也可輕易的探知你心中所愛慕情人的一個特殊的標準。也就是說一眼就能看出你喜歡的人是什麼樣子的人。這是不是一件很奇妙的事呢？而且還很準呢！

在紫微斗數中，夫妻宮就是藏有你情愛感覺最秘密的寶庫了。一般人從不會把內心深處的秘密說給別人聽，但是命盤拿出來，夫妻宮就展現了這一切，不但讓人知道了你喜歡的對象的形貌個性，也得知了你表達感情的方法。

根據筆者命相多年的經驗與對已婚者調查顯示。**每一個人的配偶都與他本人夫妻宮所坐守的星座顯示的個性、外貌相同。**

因此我敢做出下面二個大膽的結論：

一、倘若你目前所交的男女朋友與你夫妻宮中的星座有相反的情況發生，這個人一定不是你命中的配偶。

二、不管你結多少次婚，你所尋找的對象，其性格、外貌都有相同類似的地方，只是面貌和姓氏、籍貫之別，不是同一個人而已。

因此可證明我們在尋找情人配偶時，冥冥之中就有了一個固定的磁場在吸引著我們，幾乎是很難或根本擺脫不掉的。

既然命盤已經解析了我們內心的喜好，我們也知道了自己的對象大約的個性與形貌高矮。那要如何利用『桃花運』來達成尋找與追求夢中情人呢？

現在提供你幾個方法：

1. 先在自己的命盤中圈點出桃花星所在的幾個宮位，其次再把整年的流月算出來，如此就可以知道具有桃花星的月份了。再在**這幾個有『桃花運』的月份裡多做人際交流的活動**，或者是到自己興趣所在的場所。例如喜歡聊天的，多找朋友聊天，喜歡看電影的多去看電影，喜歡爬山健行的多去登山。朋友的聚會也不可放棄，如此一來，就算沒碰到夢中情人，人際關係的開拓與融洽和諧，也豐富了你的生活，這也是一樂呀！

2. **多尋找接觸與你屬性相同、磁場相同的異性朋友**，說不定那人正在佇立在燈火闌珊處呢！

所謂屬性相同的人，在命理上的定義，就是指命宮主星的頻率感較接近的，謂之屬性相同。當然他們的磁場也較會接近的，而在情感的交流上也比較順暢。

屬性相同的人，我依其坐命主星所顯示出來的個性、思考速度、行動的快慢，大略分為三種。

一、**紫微、天梁、天府、天相、天同、魁鉞、左輔、右弼等星坐命宮時，他們說話的速度較慢**，思考的速度也慢，就連做事付諸行動的動作也慢。

但是這些人的思想方式較正直、正派、性格敦厚、為人較寬容別人，比較會為別人著想。起先看他們性子、動作都慢，有時有些笨笨的，倘若你是與他們屬性相同的人，你是非常讚同他們凡事都深思熟慮，老成持重，非常成熟的處世方法。

二、**武曲、貪狼、太陽、天機、太陰、廉貞、昌曲等星坐命時，他們的速度感就很快了。**常常一樁事還沒做完，已經經轉移目標到下一樁事去了。他們的思想頻率也很快速，大致看來是很聰明的人類，但是虎頭蛇尾。常因速度太快、功敗垂成。

三、**七殺、破軍、巨門、擎羊、陀羅、火星、鈴星、地劫、天空等星坐命時，因為是煞星坐命，比較勇猛好爭**、任何事都會競爭，包括交男女朋友也是一樣，競爭得來的他們才覺得是好的。因此也需要尋找有同樣理念愛好的人，才與他們相合。

再則煞星坐命的人命都很硬，除了紫微、天府這兩顆到處為福的星座坐命的人能抵制他們以外，其他星座坐命者都可能為他們所刑剋，以至身體不好，或是非連連，因此煞星坐命者最好也是尋找煞星坐命的對象，這樣才會棋逢對手，相得亦彰。

3. 以五行相生相剋的原理來尋找磁場相同的異性朋友。

五行生剋

相生者：金生水．水生木．木生火．火生土．土生金。
相剋者：金剋木．水剋火．木剋土．火剋金．土剋水。

金型的人：一般都有清脆潦亮的聲音、個性豪爽、外表開朗亮麗，說話做事急速，性格剛直講義氣，不愛聽別人意見的特性。

水型的人：一般體型較胖，有溫和的好脾氣，喜歡利用資訊來瞭解事物，再加以智慧的判斷，人際關係是他們的資產，做事圓融是他們特優的能力。是個朋友很多，人又四海的人。

木型的人：通常有個性保守，較木訥的個性，外型較瘦、較高。從不接受他人意見，是一個在某些方面有點自閉的人。木水通的人會有較好的人際關係。

火型的人：一般有個性暴躁，愛指使別人的習慣，有錯也不肯認錯、強悍無理，尤其是發脾氣的時候，不可理喻。脾氣快發快過。脾氣好的時候也很熱情，但是人際關係已被破壞殆盡了。

土型的人：一般他們都有溫吞水的毛病，個性動作都較慢，但是忠厚老實，是個可信賴的人。土型的人，一般都較有財富、多金，這是他們比較勤勞、肯苦幹、實幹的原故。他們也像土地一樣能吸收包容很多的事情，因此都能獲得朋友真摯的友誼。

$
50萬

第七章

如何利用『桃花運』完成終身大事

如何利用『桃花運』完成終身大事

普通一般人看會不會結婚？何時結婚，都以『紅鸞星動』，紅鸞星所坐落的宮位流年來斷定。

但是若只有紅鸞星一顆桃花星單星獨坐時，則有不準和時間相差一、兩年的問題出現了。

甚至於就是有好多桃花星和紅鸞星來照守，婚期還是遙遙無期，主要是因為有羊陀、火鈴等煞星加煞刑剋所致。

我就親眼看見一位外表風流倜儻的同事，火貪坐命的羅先生，以他極佳的外貌風采及才華，至今仍在做『最有價值的單身漢』，很多人都不解，紛紛來詢問、討論。大家以為他猴年

羅先生的命盤

兄弟宮	命宮	父母宮	福德宮
太陰 癸巳	貪狼 火星 天魁 咸池 甲午	天同 巨門化祿 文昌化忌 文曲化科 乙未	武曲 天相 天空 天姚 陀羅 丙申
夫妻宮 廉貞 天府 天刑 沐浴 壬辰	陰男：民國50年次 金四局		**田宅宮** 太陽化權 台輔 祿存 丁酉
子女宮 右弼 31－43 辛卯			**官祿宮** 七殺 擎羊 戊戌
財帛宮 破軍 地劫 天鉞 紅鸞 喜神 44－53 庚寅	**疾厄宮** 鈴星 辛丑	**遷移宮** 紫微 <身宮> 庚子	**僕役宮** 天機 左輔 天馬 己亥

會結婚，因為他的申宮有天姚、天相、天喜等桃花星，對宮紅鸞來照，很有可能，但是並沒有結婚。大家有些訝異！

羅先生的紅鸞星在寅宮財帛宮中，尚有破軍、地劫、天鉞、喜神、臨官等星。

其本命宮貪狼、火星、天魁、咸池諸星形成他外緣很好、性急，但貪狼本身雖是顆大桃花星，但也有晚婚、晚發趨勢的星曜。命宮三合處另見官祿宮的七殺、擎羊，與財帛宮的破軍來照，總共有四顆煞星，造成對命的剋制，此外還有地劫、天空的影響還不算上呢！所以縱然他的夫妻宮還不錯，（廉府、沐浴），又有多位女孩追求，他也是不喜歡結婚，而婚期一再蹉跎了。

目前大家正在看他虎年，紅鸞當頭的這一年，到底結不結得了婚？依我看前途並不樂觀。（因天空、地劫相照，凡事易成空）。

由上述的例子，我們可以瞭解到，要利用『桃花運』來策動婚期，不但需要紅鸞星這一個星，而且需要與紅鸞同宮的主星居吉居旺。並且在四方三合處，沒有四煞來會，劫空來會，才可能形成一個『紅鸞星動』的完美格局。終身大事才真正的有著落。

- 流年、流月行經的宮位有天空、地劫相照時，凡事容易成為海市蜃樓，好事成空。
- 夫妻宮與官祿宮裡有天空、地劫相照時，婚姻拖延，不易結婚。

第八章

『桃花』所在的方位

『桃花』所在的方位

要探究『桃花所在的方位』，方法有很多種。

1. 第一種方法是在命盤中找『桃花位』。

先在自己的命盤上勾出桃花星來，再比對兩宮對照的桃花組群，例如子午宮、丑未宮、寅申宮、卯酉宮、辰戌宮、巳亥宮，那一組對照的宮位中桃花星較多。

其次再看三合地帶的桃花星，如寅午戌宮、巳酉丑宮、申子辰宮、亥卯未宮等，那一組相照合的桃花星多。

從這兩組組合中就可看出桃花所在的確實位置，以及那一年『命犯桃花』了。

一般來說，在命盤中，子、午、卯、酉四敗地具有多顆桃花星的人，是『桃花運』厚重濃烈的人，也容易因桃花犯下糊塗事。例如因桃花事件敗財、惹禍、惹是非。但是他們也是最會因桃花而受人喜愛、追求的人。

而『酉宮』為桃花沐浴之地，在此宮內桃花星多的話，會氾濫成災。流年行運至此，福少恐有禍。庚年生的人，尤其不能有酉宮桃花氾濫的情況。因為庚年生的人，羊刃（擎羊星）在酉，會因強暴或與色慾有關的事情遭到不幸。

2. 第二種方法是在家中或臥室裡找『桃花位』

每一個家庭所住的房宅裡都有桃花位，每一個房間也有桃花位，普通是以房宅的坤位來稱之。

坤代表婚姻、妻子、母親、姐妹。代表女主人。

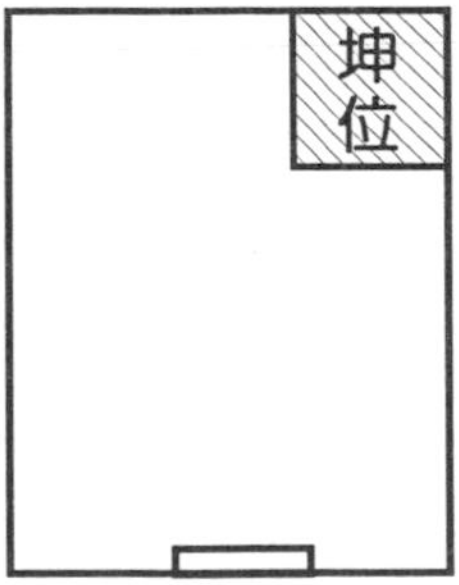

倘若你是一個未婚男子希望增點桃花，求個好姻緣。快點在你家或臥室的坤位上，插上一束桃花（新鮮的真花最好）。若不是產桃花的季節，那就在**坤位**上擺上一瓶紅色或粉紅色的鮮花助長『桃花運』吧！

倘若你是一位待嫁的女子，更要注重桃花方位的問題，你必須在房中**坤位**與**乾位**都要放上一瓶桃花或紅色的花，來助長『桃花運』。婚嫁之喜正等著你呢！

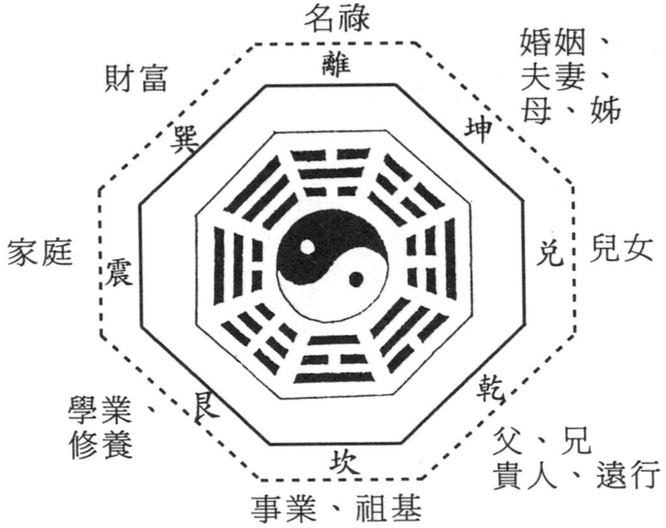

乾：代表男子、父兄、家中男主人、貴人、遠行等。

男子在坤位插桃花

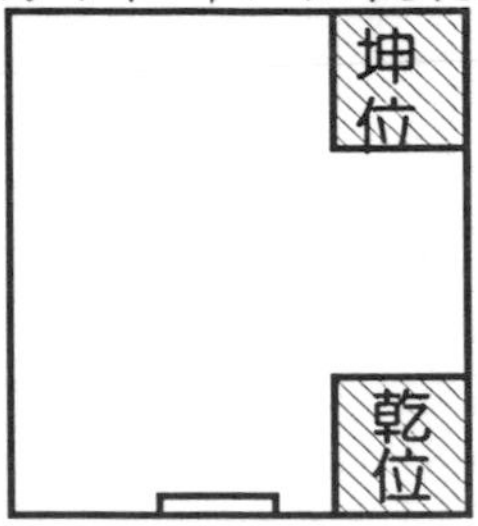

女子在乾、坤
二位皆需插桃花

房子裡倘若坤位有缺陷（缺一角）或乾位有缺角的狀況，對屋中的女主人，和男主人都是不利的。

房子缺坤位，刑剋屋內女人、母親、女主人。屋內女性常有病痛、疾苦及早亡的情事發生。而且住在屋內的人，幾乎沒有『桃花運』，男子娶不到老婆、女子嫁不出去，家中多是些遲婚、不婚或喪偶之人。

房子缺乾位，則刑剋屋內的男子、男主人。男人會多病早夭、屋內的男子少，就是男童住在這樣的房子裡也多病難養。住在屋內的的女子多喪夫，或不易出嫁。

倘若遇到上列的情形，其補救辦法有：

一、在房子缺角的方位種樹彌補如上圖。

二、在屋內缺角的地方點盞明亮的燈。如下圖

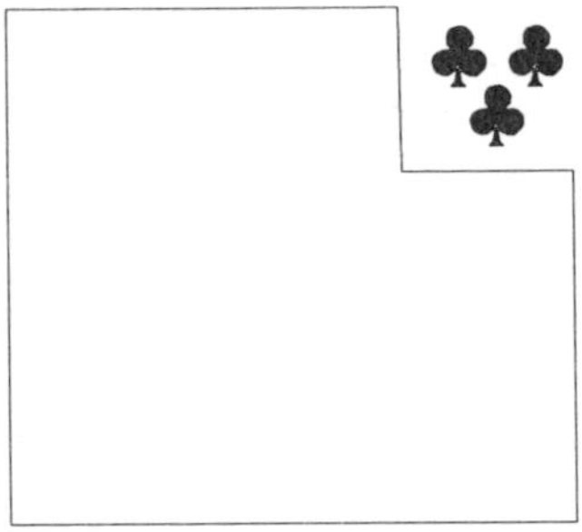

（上圖）

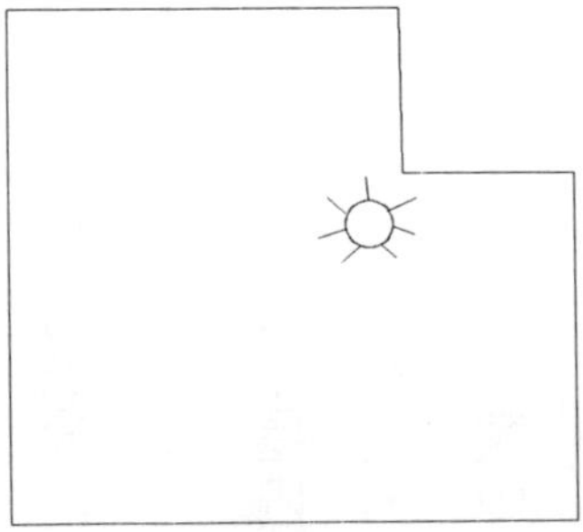

（下圖）

三、趕快遷出，另尋住宅。

3. 第三種方法是利用五行命格找出『桃花位』。

命格	出生年份（民國）男	出生年份（民國）女	桃花方位
坎卦命	16 25 34 43 52 61 70 79	21 30 39 48 57 66 75 84	東南方
坤卦命	15 21 24 30 33 39 42 48 51 57 60 66 69 75	13 22 31 40 49 58 67 76 85	東方
震卦命	14 23 32 41 50 59 68 77	14 23 32 41 50 59 68 77	西北方
巽卦命	22 31 40 49 58 67 76 85	24 33 42 51 60 69 78 87	北方
乾卦命	20 29 38 47 56 65 74 83	26 35 44 53 62 71 80	南方
兌卦命	19 28 37 46 55 64 73 82	18 27 36 45 54 63 72 81	東南方
艮卦命	27 36 45 54 63 72 81	34 37 43 46 52 55 61 64 70 73 79 82	西方
離卦命	17 26 35 44 53 62 71 80	20 29 38 47 56 65 74 83	東北方

『桃花』所在的方位

由上表查出你生年的桃花方位之後，那些方位坐向就是很利於你的『桃花方位』。

例如你是一位坎卦命的人，在辦公室裡，你的辦公桌在整個辦公室內，位於東南方的位置，你的『桃花運』就會連綿不斷，獲得許多人的追求，縱然是結了婚，也有人頻頻示好。

倘好目前你正需要『桃花運』的降臨，那就多到屬於你的桃花方位去吧！如坎卦人就要多到你居住城市的東南方，坤卦人就要多到你居住城市的東方去走走，說不定正有一個天大的『桃花運』和艷遇正等著你呢！

第九章

『桃花劫』、『桃花煞』、『紅艷煞』的形成與預防

『桃花劫』、『桃花煞』、『紅豔煞』的形成與預防

『桃花劫』的形成

『劫』是劫難的意思。『桃花劫』顧名思義就是因桃花而形成的劫難。

當桃花星照合得多的時候，例如廉貞、貪狼、文曲、魁鉞、左右、天姚、紅鸞、天喜、臨官、沐浴、咸池等星多顆聚集，再遇四煞（羊陀、火鈴）時會發生『桃花劫』。再者，財星被劫，再遇桃花煞星（沐浴、咸池）也會發生『桃花劫』。

發生『桃花劫』時，女子會遭遇強暴、血光、破財等外傷

和失財的問題。男子較易失官、敗財、名譽掃地。這些問題只是劫難的一種，尚不致發生生命喪失的危險，算是一種較輕的劫難。比較起來，『桃花煞』就嚴重的多了。

『桃花煞』的形成

『桃花煞』就是桃花與煞星（殺星）形成特殊角度時，為患最烈的一種方式。它會危害人的生命。

古書有云：『寅午戌年，納音屬火，見卯月日時。巳酉丑年，納音屬金，見午月日時。申子辰年納音屬水，見酉月日時。亥卯未年，納音屬木，見子月日時，是為咸池，亦即『桃花煞』』。

咸池是桃花星，又稱敗神，另一名稱『桃花煞』。

桃花煞形成的方法是這樣的，當寅年、午年、戌年生人，其年的天干地支，納音屬火的時候，例如丙寅為爐中火、戊午為天上火，甲戌年為山頭火等。其八字的月柱、日柱、時柱上有『卯』字。（亦就是有卯月、卯日、卯時）為有桃花煞。

巳年、酉年、丑年生的人，納音屬金，例如辛巳年（白蠟金）、癸酉年（劍鋒金）、乙丑年（海中金），其八字的月柱、日柱、時柱上有『午』字。（午月、午日、午時）為有桃花煞。

申年、子年、辰年生的人，納音屬水，例如甲申年（井泉水）、丙子年（澗下水）、壬辰年（長流水）的人，其八字的月柱、日柱、時柱上有『酉』字，（酉月、酉日、酉時）為有桃花煞。

亥年、卯年、未年生的人，納音屬木，例如己亥年（平地木）、辛卯年（松柏木）、癸未年（楊柳木），其八字的月柱、日柱、時柱上有『子』字（子月、子日、子時）為有桃花煞。

桃花煞是一種非常凶悍的先天神煞，它已經暗藏在你命格的當中。有些人天天算命，但也是會遇到『在劫難逃』的厄運，這就是沒有全方位的掌握神煞的原故。

當命宮或流年裡，三合四方所遇到的桃花星多，與煞星多的時候（有沐浴、咸池更惡），與原來八字上暗藏的桃花煞連成一氣，相互夾制成災，這就是『在劫難逃』的真正原因了。

當八字中四柱具有這種刑剋的狀況時，我們稱之為『遍野桃花』。例如：

八字為　丙寅　癸酉
　　　　□卯　□午
　　　　□卯　□午
　　　　□卯　□午

若桃花煞在八字中逆行見之，我們稱為『倒插桃花』，例如：

八字為

□酉　□子

□酉　□子

□酉　□子

甲申　辛卯

遇到桃花煞時，常會因外來的侵入，而成為色情暴力的犧牲者，倒並不一定是自己生性淫蕩所致。因此當命中有此格，而自己又是清白正直的人的時候，更要小心謹慎，不能大意。在當年的流年、流月到寺廟中修行暫住可逃過此劫。

咸池煞

『咸池煞』也是桃花煞中的一種。

八字命宮中有咸池的人，聰明乖巧、相貌美麗、多才多藝、風流倜儻，是個人見人愛的人。如坐旺宮，必定是個術藝奇精之人。

咸池若帶陽刃（羊刃）名為咸池陽刃，必遭天妒，有惡死之狀況發生。例如甲戌年生的人，為『山頭火』格，月柱、日柱、時柱上有『卯』。又例如：**庚申、庚辰年生的人，雖非納音為水，亦稱咸池陽刃**。其人一定是多學多能、不免多疾病的人。

咸池煞最忌見水。咸池若與進神同宮，其人貌美如花。例如申年、子年、辰年生的人，逢癸酉或流年、流月行運酉宮，都主惡死。因庚年羊刃在酉之故。藝人白冰冰之女白曉燕慘遭撕票，即為桃花煞、咸池陽刃臨酉宮。那裡知道命中的煞星如此的凶惡無制，沒有人性呢？

申、子、辰年生的人也忌見亥子水。情況與前者相同都忌水。

因此要奉勸為人父母及懂得命理的朋友們要多注意及幫助周遭的朋友們，倘若發現子女或朋友有這些命格，定要勸他在行運逢到的月份，明哲保身，注意危難，預先的防範是優於一切的！

桃花煞在月柱、時柱上，稱歲煞，主惡死。屬火，主因火厄而死。屬水，主因水厄而死。屬土，主因瘟病而死。屬金、木，主因刀刃所傷而死。各以類推。

咸池煞坐在日支（妻宮）上，更有陰差陽錯煞。更有華蓋、破碎等星在其上的，會因妻子惡行，因妻受禍。

× × × ×

桃花煞還有一種廉殺羊（陀）與桃花敗神（咸池、沐浴）形成的組合，亦可稱之咸池煞。

在命宮或命盤上，任何三合（隔三個宮）地帶照合而形成有廉貞、七殺、擎羊（或陀羅）的命格。在這三合地帶的三個宮中有較多的桃花星，如紅鸞、天喜、天姚等，還必會沐浴、咸池而形成，會遇到因強暴而死的狀況。因此有廉殺羊、廉殺陀格的人，不但要注意車禍的傷亡，也要注意淫慾暴徒的傷害。

此外『羊陀夾忌』、『半空折翅』的命格擁有者，與桃花敗星及紅鸞、天喜、天姚等形成三合照守的形勢，都會有遭遇上述的悲慘命運的情形。女星湛容即是一例。

紅艷煞的形成

古書云：『多情多慾少人知、六丙逢寅辛見雞、癸臨申上丁見未，眉開眼笑樂嘻嘻，甲乙午申庚見戌，世間只是眾人妻，戊己怕辰壬怕子，祿馬相逢做路妓，任是富豪官宦女，花前月下亦偷情。』

這裡所談的是本身命格中所含帶著人見人喜、淫慾桃花部份的人。有紅艷煞的人，多長相美麗、嫵媚動人，眼帶秋波、流麗生動、風流多情。再加上他們也易於展現自己的嬌美，於是被惡煞覬覦的機會也較多。

凡是在八字上，甲見午、乙見申、丙見寅、丁見未，戊見辰、庚見戌、辛見酉、壬見子、癸見申等為有『紅艷煞』的人。也就是說，以年干甲字見日、時支上有午字等者為『紅艷煞』。

舉例說明：

年干	甲□
月干	□□
日干	□午
時干	□午

年干	乙□
月干	□□
日干	□申
時干	□申

年干	丙□
月干	□□
日干	□寅
時干	□寅

年干丁□
月干□□
日干□未
時干□未

年干戊□
月干□□
日干□辰
時干□辰

年干庚□
月干□□
日干□戌
時干□戌

年干辛□
月干□□
日干□酉
時干□酉

年干壬□
月干□□
日干□子
時干□子

年干癸□
月干□□
日干□申
時干□申

日干、時干上有一個便是

× × × ×

●舉凡家中有紅艷煞的小孩，或有紅艷煞親人的人，都應該注意，防範小孩被人帶走，或者對具有紅艷煞的親人要多加叮嚀，以防遭禍。

桃花耗

由名稱即能得知，『桃花耗』是因桃花破敗而產生耗財狀況的情形。什麼情況稱為『桃花耗』呢？

『桃花耗』是由桃花星、紅鸞、天喜、天姚、咸池、沐浴、廉貪、昌曲、左右、魁鉞等與耗星破軍星相逢而形成的，我們稱之為『桃花耗』。

『桃花耗』會因桃花而失敗，也會因桃花而傷身，形成健康衰弱的情形。普遍是三合四方形成『色慾桃花』時形成，例如有『風流彩杖』格局的人，不但有陀羅星，三方四會照守的必定有破軍星。故而一定會產生『桃花耗』影響財運和身體健康。

『桃花耗』不一定讓人致死（需有羊刃），但一定讓你失去錢財和健康，因此不是好事，需要防範。

第十章

『桃花運』的禁忌

桃花運的禁忌

『桃花運』雖在一般的命理為上稱其為助運，然而對人一生的影響頗鉅，有好的『桃花運』形式，可助旺人一生的運程，左右逢源，一生都順利愉快，享受也多。不好的『桃花運』格局，為惡為煞害了自己，也害了別人，是得不償失的。

『桃花運』的禁忌有很多，現在試從各面歸類來闡述之。

1. 人緣上的禁忌

在命理上切忌命盤中桃花分佈的宮位情況不均勻，少或又與煞星同宮，會產生人緣上的障礙，繼而造成了生活上的痛苦。

豬年時，有一位正在當兵的男子昌先生來找我命相，訴及運氣非常不好，在軍中，常被長官修理。上個月才被關了禁閉一星期，日子非常難過，周圍的人都對他不好，不知何時才能改運？

我很驚訝像他這樣外表俊挺，有些酷的帥哥，竟然會有如此的境遇！

給他排了命盤後，終於找到答案。

昌先生是文昌、天魁坐命的人，對宮有機巨化權、火星、天姚相照。文昌、天魁都是非常陽剛的星座，桃花極淺，昌不遇曲，魁不遇鉞時，等於沒有桃花運（人緣桃花都談不上）。而對宮雖有一顆天姚星，但被巨門暗曜，與煞星火星相壓制，桃花變得無用，只會說些引起口舌是非的廢話。與長官頂嘴遭禍。而且昌先生命宮的文昌星居平陷，雖有很好的外貌，只會打些小算盤，但是腦筋卻不算很好，因此不會去災躲難。

再者昌先生四方三合地帶，以及每一個對宮中，差不多都是只有一個桃花星，且和煞星同宮或相照。例如：子、午宮對照的一組中，有咸池這顆桃花星，有地劫與七殺來壓制。丑、未宮這組有沐浴、太陰陷落（桃花少）為桃花星，有擎羊來鉗制等等。所以在亥年走天梁陷落，陀羅居陷，雖文曲居旺的運程，與上司長官打架，關了禁閉。

從言談之中，也發現這位昌先生話少，銳利而直接，話中帶刺，火藥氣味濃厚。細問他與家人父母相處的情形，原來父母只是給錢與他，很少交談。他與同僚之間也是既不來往，沒有交情，也沒話可說。簡直是個悶葫蘆，但一開口便傷人，得罪人。可見這是從小父母教養的問題。

因此我建議他，先從家中開始改善關係，常常問候父母，無話找話說。再向上下鋪的同僚建立交情，謹言慎行，尋找流月中桃花星多的月份，開展務實外交，盡心致力於人際關係的改善，切記要以誠心交友，將來當完兵才可在社會上找到好的工作機會。

昌先生命盤

福德宮 天同 鈴星 天刑 天鉞 臨官 丁巳	田宅宮 武曲 天府 地劫 咸池 戊午	官祿宮 太陽 太陰化科 沐浴 巳未	僕役宮 貪狼化忌 天喜 庚申
父母宮 破軍化祿 天空 丙辰	陰男		遷移宮 天機 巨門化權 火星 天姚 辛酉
命宮 文昌 天魁 〈身宮〉 乙卯	水二局		疾厄宮 紫微 天相 陰煞 壬戌
兄弟宮 廉貞 右弼 紅鸞 甲寅	夫妻宮 擎羊 乙丑	子女宮 七殺 左輔 祿存 甲子	財帛宮 天梁 文曲 陀羅 癸亥

2. 財運官運上的禁忌

『桃花』為洩，是一種精、氣、神的耗敗。尤其是有性關係之後，身體的磁場下降改變，運勢減弱，因此發偏財運的人，都很知道節制『色慾桃花』，以保財運。

普通的人，就算不指望偏財運，又想規矩的多獲正財的話，也是要『戒色用忍』的。否則也會因桃花妨礙了奔向富貴之途。

容易影響財運、官運的幾種格局型式：

1. 貪狼為偏財、偏運之星，『火貪格』、『鈴貪格』會爆發在財運上。『武貪格』多爆發在事業上，財運上也有。最怕有羊陀、紅鸞、昌曲、左右、天姚、沐浴、咸池等星來擾亂，否則不是發得太小，亦或根本不發了，影響一生運程甚鉅。

2. 紫微星與多個桃花星在財帛宮出現，會不走正道，以色情風化問題賺錢。

3. 在流年有桃花星、紅鸞、姚喜、沐浴、咸池等與劫耗之星同宮的人，會因色敗財。

4. 流年遇紫貪加桃花星紅鸞、姚喜、沐浴、咸池等，再加羊陀上，會因桃花破財。

5. 紅鸞與羊刃在任何一個宮位出現，流年、流月遇之，都會有血光災禍發生。也影響財運、官運。

舉例說明：

曾從軍職的戴先生為廉殺坐命的人，一直工作勤奮。深受上司重視。在民國七十三年甲子年時，因走『桃花運』與長官的妻子發生不正常的戀情。

卯年時，走紫微化權、貪狼、火星的運程，本可爆發極大的偏財運與官運。但當年只中了二十萬發票獎。當時年輕的他還得意非凡，自以為連上天都幫他，讓他愛情、事業兩得意，好不意氣風發！

次年走到巨門陷落的運程時，被告妨礙家庭，移送軍法審判，坐了幾個月的牢，出來就退伍了。馬年時曾再次與有夫之

戴先生命盤

夫妻宮 天相 鈴星 右弼 天馬 乙巳	兄弟宮 天梁化祿 文曲 天姚 咸池 丙午	命宮 廉貞 七殺 丁未	父母宮 文昌 戊申
子女宮 巨門 甲辰		陽男	福德宮 左輔化科 沐浴 己酉
財帛宮 紫微化權 貪狼 火星 癸卯	水二局		田宅宮 天同 陀羅 庚戌
疾厄宮 天機 太陰 壬寅	遷移宮 天府 紅鸞 癸丑	僕役宮 太陽 擎羊 壬子	官祿宮 武曲化忌 破軍 祿存 辛亥

婦同居，至今仍為小職員。

　　這就是個因桃花影響財運、官運的格局。此人在財帛宮四方之處有祿、權、科，又是『陽梁昌祿』格，應該是有萬全的名聲來賺錢，賺錢的方式有極佳的偏財運格，可爆發財富。但都為子、午年、天梁化祿、文曲、天姚、咸池、擎羊所傷，桃花傷財，也傷了名聲面子。倘若這位戴先生能體念這個道理。節制子、午年所逢的『色慾、邪淫桃花』，在卯年的偏財旺運裡，爆發千萬元以上的財富是指日可待的。

3. 意想天開的禁忌

某一些人在本命中『桃花運』少，但卻想以『桃花運』來賺錢得利，自作聰明的結果，總是桃花敗財，賠了夫人又折兵。下面就是這麼一個活生生的例子。

舉例說明：

亥年時，有一對夫妻來找我算命，因為他們要離婚了，女的說：想看看離不離得了。男的問我說：幫他看看有沒有『雙妻命』？

這對夫妻從外表上看來還是很恩愛的。

原來楊先生在猴年時認識一女子，雞年時關係發展迅速，已難捨難分，豬年時，那女子要這位先生從公司挪用公款壹佰萬元給她，說是為他開拓關係所用。這男子也信以真。隨後那女子即避不見面。但是公司是幾個人合夥的，其妻在公司內也是一股，且執掌公司開發產品的工作，地位非常重要。相形之下，這位先生只是個工作不力的業務經理罷了。

合夥的幾個人，本來都是他的同學和朋友，是看在其妻的開發產品的能力上，才來合夥的。現在發生盜用公款之事，大家要求這位先生退出，太太留下，並且要還清盜款，才不與法律追究。

在這麼一個內憂外患的時刻，有官司纏身，太太要求離婚的狀況下，這個先生仍玩世不恭的想知道自己到底還能不能享齊人之福？其腦子是不是有點阿達了？況且那女子已經逃走，是不是存心在欺騙他呢？可是這位先生依然相信那女子會回到他身邊來的。

楊先生命盤

子女宮 天相 台輔 右弼 祿存 癸巳	夫妻宮 天梁 天姚 擎羊 午	兄弟宮 廉貞化忌 七殺 未	命宮 丙申
財帛宮 巨門 陰煞 陀羅 壬辰	陽男		父母宮 鈴星 左輔化科 咸池 丁酉
疾厄宮 紫微 貪狼 文曲 沐浴 辛卯	火六局		福德宮 天同化祿 陀羅 戊戌
遷移宮 天機化權 太陰 天刑 庚寅	僕役宮 天府 火星 辛丑	官祿宮 太陽 天空 庚子	田宅宮 武曲 破軍 文昌化科 天馬 巳亥

我們可以看到這名男子在雞年走鈴星、左輔、咸池的運程，對宮有紫貪、文曲、沐浴相照，直犯『色慾桃花』。亥年時走武破、文昌化科的運程。文昌居平、不算聰明，武破皆居陷地，財星被劫，破敗錢財。

由此可知，自找『桃花』，自找破敗。那裡算是真的『桃花運』？

4. 煞星侵臨的禁忌

『桃花運』被煞星侵臨時，會產生許多的問題。例如因色敗財，有血光之災等等。就是在子女宮中有桃花星多，又有煞星臨的也為不吉，會傷子。

『桃花運』被煞星侵臨時，其人也會變得惡質，人緣變成『邪淫桃花』，自己遭遇災害，或是變成淫魔凶煞之流。例如紫殺加桃花星，如天姚、鸞喜、沐浴、咸池再遇羊陀、火鈴為淫禍凶煞神之流。

我們再來看看蔡萬霖先生的命盤。

蔡先生是天府坐命的人，尚有咸池、天喜在命宮，是個性好漁色的人，福德宮有廉貪化祿，更是不假。福德宮是呈現內心世界與喜好的地方。在其三合處，尚有武曲化科、七殺、擎羊、紅鸞，以及紫微、破軍化權、天鉞等星來照會。

有殺、破、狼三顆星照守福德宮，可說是煞星侵臨的厲害。所幸他是個富有的財主，可多娶妻妾完成他的『邪淫桃花』。倘若他的命宮坐於弱宮，那這個『邪淫桃花』即將成為社會的負擔了。

蔡萬霖命盤

財帛宮	子女宮	夫妻宮	兄弟宮
天馬 己巳	天機 文曲 沐浴 庚午	紫微化權 破軍 天鉞 辛未	文昌 臨官 壬申
疾厄宮 太陽化忌 火星 戊辰	陽男 金四局		**命宮** 天府 咸池 天喜 癸酉
遷移宮 武曲化科 七殺 擎羊 紅鸞 丁卯			**父母宮** 太陰 甲戌
僕役宮 天同 天梁 祿存 丙寅	**官祿宮** 天相 右弼 天魁 左輔 陀羅 地劫 丁丑	**田宅宮** 巨門 鈴星 丙子	**福德宮** 廉貞化祿 貪狼 乙亥

第十一章

婦女如何預防性暴力 兼論淫亂暴徒命格

彭婉如基金會報告

婦女遭性侵害 平均每天30人

記者游智文／台北報導

彭婉如基金會上午開記者會，強烈要求警政署長姚高橋立即下台。該基金會表示，彭婉如遇害已五個月，案子不但沒破，強姦案還直線上升，估計台灣地區一年發生一萬件強姦案，平均每天有近三十名女性遭到性侵害，連女警本身夜歸也是人人自危，但在87年度警政預算中卻沒有任何有關婦女安全的預算，警政政策也完全忽視女性安全。

彭婉如基金會上午同時公布一卷一名職業婦女被計程車司機性侵害後，指控警方處理不當的錄音帶。該名婦女指控警方因沒有專門的人員受理強暴案，因此在她報案後，不但調侃她可能與歹徒有關係，而且讓她和歹徒面對面指認，以致遭到歹徒當面恐嚇。

彭婉如基金會上午在台大校友會館召開記者會，基金會執行長馮賢賢表示，根據警政署統計的資料，去年刑事案件中，婦女被害人數有5萬5195人，其中強姦（包括輪姦案）有1380件，以學者認定的「報案黑數」（如被害人未報案、警方吃案等）來算，台灣地區一年的強、輪姦案總數估計有一萬件，也就是每天有近三十名婦人遭到性侵害。這和84年比較，以警方公布的數據為準，強姦案成長1.21倍。根據基金會的了解，今年的強暴案件迄今仍高居不下，而且手段愈來愈殘忍，連女警夜歸都人人自危。

婦女如何預防性暴力兼論淫亂暴徒命格

『婦女如何預防性暴力』的問題，目前社會上引起普遍的討論，筆者也在另一本書『好運跟你跑』中談過，因這個問題實與桃花運的問題是相互糾葛的，故而在此，再次的提醒讀者，好與以注意！

到底那些婦女比較會遇到強暴、性暴力傷害的案件呢？這個問題在討論『桃花煞』、『桃花劫』的單元中已經談過了。其防治方法除了細推流年、流月，特別加以小心外，到寺廟中坐禪，避開劫煞的時段，目前命理學者還想不出更好的方法來。

到底那些人會幹下強暴婦女這種傷天害理的勾當呢？

在台灣一連串的大案子暴發，彭婉如命案、白曉燕撕票案以後，台灣的女性真是風聲鶴唳、人人自危、恨聲載道，到底是那些淫惡之人，會幹下如此傷天害理的勾當呢？很多人心理都有這個疑問。現在我試述說明之。

淫亂暴徒常有一個共通點，命宮中一定是主星陷落加煞，或者根本就是煞星陷落的人，而且命宮照守的桃花星多也必有桃花劫煞存在的人。

這些人經常是個子矮子猥瑣的小人，就像是白案後幾日，辛丑年，四月三十日捕獲殺死舞女而分屍的楊金合，臉瘦削矮小猥瑣，為擎羊陷落之命造。

在命宮中有羊陀、火鈴、劫空、殺破、化忌這些凶星陷落時，人都邪淫陰狠，不知廉恥，無法無天。

邪淫暴徒的命格

1.廉貪坐命，又有陀羅、化忌及桃花星多，兼有沐浴、咸池（桃花劫煞）同宮或照會的人。

2.文曲化忌陷落加羊陀在命的人。

3.貪狼加天魁、火鈴、羊陀在命宮的人有暴露狂。三合處桃花星多，亦是邪淫凶殘之人。

4.巨門陷落化忌，加羊刃（擎羊）在命宮的人，心地狠毒，三合四方桃花星多，且有桃花劫煞之星，會犯淫亂凶殘之惡。

5.貪狼居平陷加羊刃，且有沐浴、咸池在命宮的人。

6.本命是主星陷落或無主星為空宮的人，而有煞星來沖，再加祿存、咸池二星同來照會的人。個性會陰冷吝嗇、小氣而凶殘。

7.羊陀、火鈴、劫空等星陷落時，再加化忌、桃花星多並有桃花劫煞雙星的人。

舉例說明：

白曉燕案中一名嫌犯之命格，即為巨門化忌居辰宮為陷落、四方照會的有廉殺羊、沐浴、官符等星。遷移宮雖有天同化權、天同居平陷之位，不能為福，況且權忌相逢，只能助忌為虐，不能為善。

此嫌犯大運雖在子女宮，但對宮廉殺羊的威力甚大，天府難以擋災。而且又逢沐浴忌星及官符等。此為廉殺羊一度重逢。丑年流月三月又逢丑宮，相照的廉殺羊，為二度重逢。從新聞得知警方在農曆三月十九日（國曆四月廿五日）與歹徒槍戰、受傷逃脫，此日就是『日跟時』都逢上廉殺羊的結果。

（此為白案嫌犯陳進興之命造）

父母宮 天相 陀羅 巳	福德宮 天梁 紅鸞 鈴星 咸池 午	田宅宮 廉貞 七殺 擎羊 天刑 地劫 未	官祿宮 申
命宮 巨門化忌 旬空 6－15 辰	民國47年1月1日 火六局		僕役宮 天鉞 酉
兄弟宮 紫微 貪狼 天空 16－25 卯			遷移宮 天同化權 戌
夫妻宮 天機化科 太陰化祿 文昌 天馬 左輔 文曲 26－35 寅	子女宮 天府 沐浴 官符 36－45 丑	財帛宮 太陽 天喜 右弼 子	疾厄宮 武曲 破軍 天魁 臨官 天姚 火星 亥

在命理學上，凡年、月、日、時，任何三組形成廉殺羊三度重逢時，都有受傷死亡的可能。這也是嫌犯命格上的弱點，警方可多加利用之。

在嫌犯的夫妻宮裡坐星是天機化科、太陰化祿，子女宮是天府，可見嫌犯與妻子兒女的感情甚佳，一定是無話不談的。嫌犯之妻已經落網，由命理觀之，她是個善變的人，因此警方在她身上多下功夫，以下的前途相勸，能獲得破案的玄機。

白曉燕案中另一嫌犯之命格，為廉貪坐命在亥宮為陷落，對宮有陀羅相照，為『風流彩杖』之淫格。四方照會的有文曲化忌、天梁、天姚、天鉞、鈴星等桃花星及煞星。三合處更有武殺，羊火形成『廉殺羊』的惡格局。主死於外道。在午宮亦可因三合照求之勢而形成『羊陀夾忌』之惡死格局。

因此在這一兩個命案嫌犯的命盤上，都可找到共通點，兩

（此為白案甏命嫌犯林春生之命格）

遷移宮 陀羅 巳	疾厄宮 天機 祿存 午	財帛宮 紫微 破軍 火星 擎羊 未	子女宮 鈴星 天鉞 天姚 36－45 申
僕役宮 太陽 天刑 戊辰	民國48年9月14日 火六局		夫妻宮 天府 地劫 26－35 酉
官祿宮 武曲化祿 七殺 右弼 卯			兄弟宮 太陰 16－25 戌
田宅宮 天同 天梁化科 文曲化忌 寅	福德宮 天相 天空 丁丑	父母宮 巨門 天魁 文昌 子	命宮 廉貞 貪狼化權 左輔 天馬 6－15 亥

造卻是『邪淫桃花加煞星』的命格組合。也兩造都有『廉殺羊』的惡死格局。而『廉殺羊』的惡死格局都在未宮。也因此在命理上的某些時段，產生特殊的解釋。警方可依據這個線索將其撲殺之。（因『廉殺羊』的關係，活捉將不易）

命理生活新智慧・叢書

熱賣中

好運跟你跑

《全新增訂版》

法雲居士◎著

在人一生當中，『時間』是個十分關鍵的重點機緣。

每一件事情，常因『時間』的十字標、接合點不同而有不同吉凶的轉變。

當年『草船借箭』的事跡，是因為有『孔明會借東風』的智慧而形成的。

在今時、今日現代科技的社會裡，會借東風的智慧已經獲得剖析。

你我都可成為能掌握玄機的智者。

法雲居士再次利用紫微命理為你解開每種時間上的玄機之妙。

『好運跟你跑』的全新增訂版就是這麼一本為你展開人生全新一頁，掌握人生中每一種好運關鍵時刻的一本書。

●金星出版●

地址：台北市林森北路380號901室
電話：(02)25630620・28940292
傳真：(02)28942014
郵撥：18912942 金星出版社帳戶

如何創造事業運

人生中有千百條的道路，
但只有一條，是最最適合你的，
也無風浪，也無坎坷，可以順暢行走的道路
那就是事業運！
有些人一開始就找對了門徑，
因此很早、很年輕的便達到了目的地，
成為事業成功的菁英份子。
有些人卻一直在茫然中摸索，進進退退，虛度了光陰。
屬於每個人的人生道路不一樣，屬於每個人的事業運也不一樣
要如何判斷自己是否走對了路？
一生的志業是否可以達成？
地位和財富能否得到？在何時可得到？
每個人一生的成就，在紫微命盤中都有顯示，
法雲居士以紫微命理的方式，幫助你檢驗人生，
找出順暢的路途，完成創造事業運的偉大工程！

紫微成功交友術

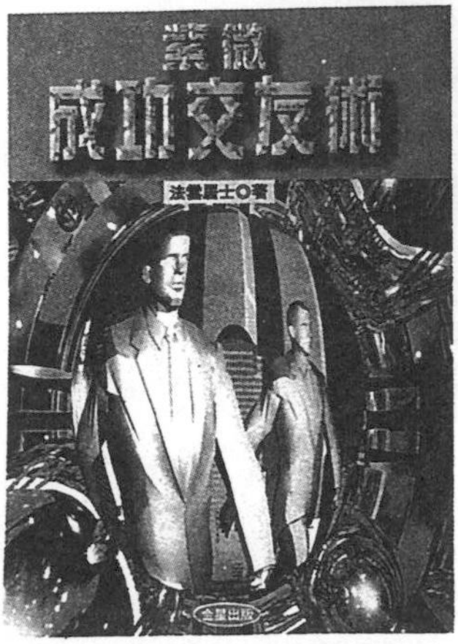

成功的人都有成功的好朋友！
失敗的人也都有運程晦暗的朋友！
好朋友能幫助你在人生中『大躍進』！
壞朋友只能為你『扯後腿』！
如何交到好朋友？
好提升自己人生的層次，進入成功者的行列！
『交友成功術』教你掌握『每一個交到益友的企機』！
讓你此生不虛此行！

命理生活新智慧・叢書15

熱賣中

紫微賺錢術

法雲居士⊙著

從前有諸葛孔明教你『借東風』
今日有法雲居士教你『紫微賺錢術』

這是一本囊括易術精華的致富法典
法雲居士繼「如何算出你的偏財運』一書後
再次把賺錢密法以紫微斗數向你解盤，
如何算出自己的進財日期？
何日是買賣股票、期貨進出的大好時機？
怎樣賺錢才會致富？
什麼人賺什麼錢？
偏財運如何獲得？
賺錢風水如何獲得？
一切有關賺錢的玄機技巧，盡在『紫微賺錢術』當中，
讓你輕鬆的獲得令人豔羨的成功與財富。
你希望增加財運嗎？
你正為錢所苦嗎？
這本『紫微賺錢術』能幫助你再創美麗的人生！

●金星出版●

地址：台北市林森北路380號901室
電話：(02)25630620・28940292
傳真：(02)28942014
郵撥：18912942 金星出版社帳戶

命理生活新智慧・叢書

紫微格局看理財

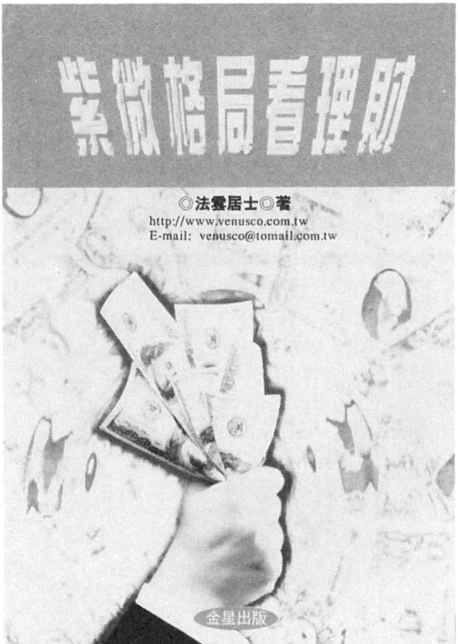

『理財』就是管理錢財。必需愈管愈多！因此，理財就是賺錢！

每個人出生到這世界上來，就是來賺錢的，也是來玩藏寶遊戲的。

每個人都有一張藏寶圖，那就是你的紫微命盤！一生的財祿福壽全在裡面了。

同時，這也是你的人生軌跡。

玩不好藏寶遊戲的人，也就是不瞭自己人生價值的人，是會出局，白來這個世界一趟的。

因此你必須全神貫注的來玩這場尋寶遊戲。

『紫微格局看理財』是法雲居士用精湛的命理方式，引領你去尋找自己的寶藏，找到自己的財路。

並且也教你一些技法去改變人生，使自己更會賺錢理財！

●金星出版●

地址：台北市林森北路380號901室
電話：(02)25630620・28940292
傳真：(02)28942014
郵撥：18912942 金星出版社帳戶

命理生活新智慧・叢書

熱賣中

新世紀 中原標準 萬年曆

- 自學紫微斗數不求人，
- 世界上有三分之一的人有偏財運，偏財運會增人富貴，也會成為改變人生的轉捩點，自己有沒有機會在人生中一搏一搏？就快來找出自己命格中的偏財運吧！
- 本書是買彩券、中大獎必備手冊！
- 神奇的賺錢日就在眼前！
- 喜用神財方也是促進你的偏財運爆發的方位！

假如你是個算命的

一般人對命理師行業都有許多好奇，
到底命理師有沒有法術？他們是如何算命的呢？
命理師有沒有行規？
如何能成為一個命理師？
命理師的收入好不好？
在這本『假如你是一個算命的』書中，
法雲居士為你揭開命理師行業的神秘面紗，
告訴你，命理師的天賦異稟是什麼？
命理師的行規又是什麼？
命理師必須具備那些條件？
此書不但是提供給欲從事命理師行業的人一個借鏡，
也是探求算命故事的趣味話題。

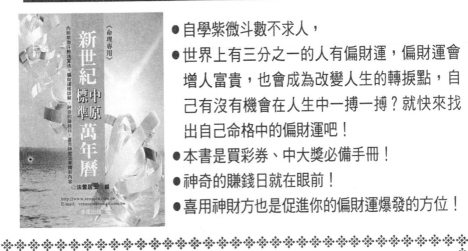

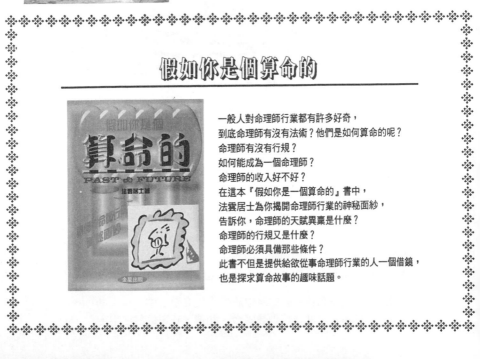

紫微命格論健康

法雲居士⊙著

在中國醫藥史上，以五行『金、木、水、火、土』便能辨人病症，
在紫微斗數中更有疾厄宮是顯示人類健康問題的主要窗口，
健康在每個人的人生中是主導奮發力量和生命的資源，
每一種命格都有專屬於自己的生命資源，
所以要看人的健康就不是單單以疾厄宮的內容為憑據了，
而是以整個命格的生命跡象、運程跡象為導向，來做為一個整體的生命資源的架構。
沒生病並不代表身體真正的健康強壯、生命資源豐富。
身體有隱性病灶、殘缺的，在命格中一定有跡象顯現，

健康關係著人生命的氣數和運程的旺弱氣數，
如何調養自身的健康，不但關係著壽命的長短，也關係著運氣的好壞，
想賺錢致富的人，想奮發成功的人，必須先鞏固好自己的優勢、資源，
『紫微命格論健康』就是一本最能幫助你檢驗出健康數據的書。

紫微姓名學

法雲居士⊙著

『紫微姓名學』是一本有別於坊間出版之姓名學的書，
我們常發覺有很多人的長相和名字不合，
因此讓人印象不深刻，
也有人的名字意義不雅或太輕浮，以致影響了旺運和官運，
以紫微命格為主體所選用的名字，
是最能貼切人的個性和精神的好名字，
當然會使人印象深刻，也最能增加旺運和財運了。
『姓名』是一個人一生中重要的符號和標幟，
也表達了這個人的精神和內心的想望，
為人父母為子女取名字時，就不能不重視這個訊息的傳遞。

法雲居士以紫微命格的觀點為你詳解『姓名學』中，
必須注意的事項，助你找到最適合、助運、旺運的好名字。

如何選取喜用神

(上冊)選取喜用神的方法與步驟
(中冊)日元甲、乙、丙、丁選取喜用神的重點與舉例說明
(下冊)日元戊、己、庚、辛、壬、癸選取喜用神的重點與舉例說明

每一個人不管命好、命壞，都會有一個用神和忌神。
喜用神是人生活在地球上磁場的方位。
喜用神也是所有命理知識的基礎。
及早成功、生活舒適的人，都是生活在喜用神方位的人。
運蹇不順、夭折的人，都是進入忌神死門方位的人。
門向、桌向、床向、財方、吉方、忌方，全來自於喜用神的方位。
用神和忌神是相對的兩極。
一個趨吉，一個是敗地、死門。
兩者都是人類生命中最重要的部份。
你算過無數的命，但是不知道喜用神，還是枉然。
法雲居士特別用簡易明瞭的方式教你選取喜用神的方法，
並且幫助你找出自己大運的方向。

命理生活新智慧・叢書23

如何幫子女找一個好生辰

歷史的經驗裡，告訴我們
格的好壞和生辰的時間有密切關係，
格的高低又和誕生環境有密切關係，
就是自古至今，做官的、政界首腦人
、精明富有的老闆，永享富貴及高知
文化。
平民百姓永遠在清苦的生活中與低文
的水平裡輪迴的原因。
生辰的時間，決定命格的形成。
格又決定人一生的成敗、運途與成就，
一個人在受孕及出生的那一剎那已然
定了一生！
多父母疼愛子女，想給他一切世間最
好的東西，但是為什麼不給他『好命』
？
幫子女找一個好生辰』就是父母能為
女所做，而很多人卻沒有做的事，有
慧的父母們！驚醒吧！
不要讓子女一開始就輸在命運的起跑
上！

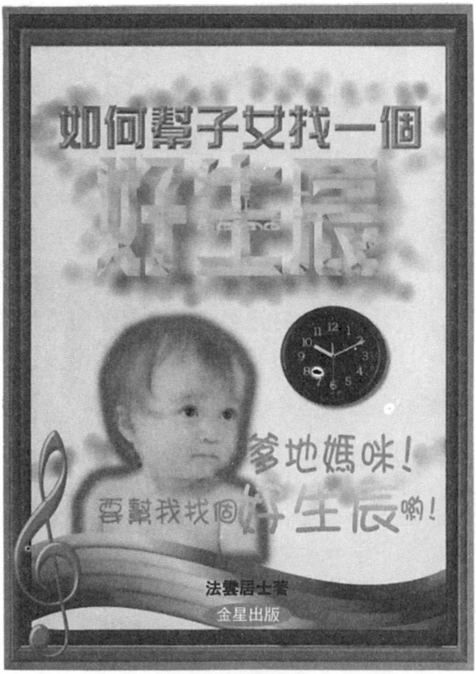

命理生活新智慧・叢書32

熱賣中

紫微推銷術

『推銷術』是一種知識，一種力量，有掌握時機、努力奮發的特性。
同時也是一種先知先覺的領導哲學，
是必須站在知識領導的先端，
再經過契而不捨的努力
而創造出具有成果的一種專業技術。

『推銷術』就是一個成功的法則！
每一個人或多或少都具有一點屬於個人的推銷術，
好的推銷術、崇高的推銷術，
可把人生目標抬到最高層次的地方，
造就事業成功、人生完美、生活富裕的境界！
你的『推銷術』好不好？
關係著你一生的成敗問題，

法雲居士用紫微命理來幫你檢驗『推銷術』的精湛度，
也帶領你進入具有領導地位的『推銷世界』之中！

法雲居士⊙著

金星出版